RICHESSES
et
VISAGES
LYON de

Textes et photos
Gérald GAMBIER

COLLECTION
RICHESSES ET VISAGES
Dirigée par Gérald Gambier

Infographie : Patricia Brun & Patricia Graizely
Correctrice : Isabelle Gambier

© Editions La Taillanderie - 2004
rue des Frères-Lumière
01400 Châtillon-sur-Chalaronne
Tél : 04 74 55 16 59
e-mail : contact@la-taillanderie.com
www.la-taillanderie.com

ISBN 2-87629-262-9
ISSN en cours

Il a été imprimé huit cents exemplaires de cette édition
en tirage de tête, destinés à la raffinerie de Feyzin pour
son 40e anniversaire.

SOMMAIRE

EDITIONS
LA TAILLANDERIE

Les quais d'une Saône enchanteresse.

Rue Juiverie, sur la maison Dugas, l'emblème de la ville.

Avant Jésus-Christ.

Vᵉ siècle avant J.-C. : habitat gaulois à Gorge-de-Loup.

58 avant J.-C. : Jules César campe sur les hauteurs de Fourvière.

43 avant J.-C. (9 octobre) : Munatius Plancus fonde sur les pentes de Fourvière la colonie romaine de Lugdunum.

27 avant J.-C. : Auguste fait de Lugdunum la capitale des Gaules où il expérimente le culte de la personne impériale.

19 avant J.-C. : Agrippa trace les quatre premières grandes routes au départ de Lugdunum.

16 avant J.-C. : Auguste fait construire à Fourvière un théâtre de 4000 places.

12 avant J.-C. : Drusus inaugure le sanctuaire fédéral où se réunissent les 60 tribus gauloises. Les deux premiers aqueducs sont mis en chantier.

10 avant J.-C. : naissance à Lugdunum de l'empereur Claude.

Après Jésus-Christ.

19 : construction de l'amphithéâtre des Trois-Gaules près du sanctuaire de la Croix-Rousse.

48 : Claude obtient du Sénat romain la citoyenneté romaine pour les Lyonnais (tables claudiennes). Construction de l'aqueduc de la Brévenne.

65 : incendie de Lugdunum. Néron offre quatre millions de sesterces.

117 à 138 : règne d'Hadrien. L'amphithéâtre de

Lyon qui pleure, Lyon qui rit

De prime abord, pour celui qui découvre la ville pour la première fois, Lyon est symbolisée par la colline de Fourvière, surmontée à la façon d'une acropole par la basilique. C'est seulement ensuite, depuis la place Bellecour, qu'il comprend la topographie du site : un fleuve, une rivière – la plus grande de France – et trois collines : Fourvière la colline qui prie, la Croix-Rousse, la colline qui travaille et la Duchère. C'est depuis le sommet de la basilique, puisque la tour métallique est interdite au public, que le regard peut formaliser le site sur trois cent soixante degrés.

Le Rhône, tout d'abord, puissant, majestueux, beaucoup plus sage qu'autrefois, depuis les travaux de Perrache qui repoussèrent le confluent et ceux du la Croix-Rousse est agrandi à 20 000 places et le théâtre de Fourvière à 10 000 places. Construction de l'aqueduc du Gier. Construction du cirque.

150 : naissance de l'Église de Lyon à Saint-Nizier.

160 : achèvement de l'Odéon de Fourvière et du temple de Cybèle.

177 : première persécution. Blandine, Pothin et 47 autres chrétiens sont torturés et mis à mort.

197 : Septime Sévère défait Albinus qui se réfugie à Lugdunum. La ville est mise à sac.

IVᵉ siècle : les barbares attaquent l'empire romain. À cause du pillage du plomb des tuyaux des aqueducs, la ville haute n'a plus d'eau. La population s'installe en bord de Saône.

457 : les Burgondes occupent Lugdunum qui devient Lugdon.

Le Haut Moyen Âge.

549 : l'évêque saint Sacerdos est chargé par le roi Childebert (fils de Clovis) et la reine Ultrogoth de construire le premier hôpital, ancêtre de l'hôtel-Dieu. Le concile d'Orléans promulgue une ordonnance de protection et d'indépendance.

798-814 : Leidrade, premier archevêque de Lyon, investi par Charlemagne, relève l'Église de Lyon.

840 : le forum de Trajan s'effondre.

843 : au traité de Verdun, Lyon revient à Lothaire.

879 : Lyon devient la capitale du royaume de Provence. Son souverain, Boson, est le beau-frère de Charles le Chauve.

935 : la ville est mise à sac par les Hongrois. L'abbaye d'Ainay est ruinée.

Le Moyen Âge

1032 : intégration de Lyon au saint Empire germanique.

1050 à 1071 : construction du pont de pierre ou pont du Change sur la Saône.

1079 : l'archevêque de Lyon reçoit le titre de Primat des Gaules.

front du Rhône qui rehaussèrent les quais. C'est sur ses eaux que les nautes créèrent les compagnies de sauveteurs dont le sport favori consistait à jouter sur des barques avec des perches de bois. Cette tradition s'est maintenue et il est encore possible de voir deux ou trois concours de joutes nautiques par an, soit aux joutes de Lyon, soit à celles de la Mulatière.

La Saône, la déesse Arar des Romains, nonchalante, indolente, dans laquelle César aurait jeté son manteau, du côté de Trévoux, pour voir dans quel sens elle coulait. Elle est la muse des poètes et des photographes lyonnais ; c'est peut-être pour cette raison que les bouquinistes ont élu domicile sur sa rive gauche.

La Presqu'île étant bordée d'un côté par le Rhône et de l'autre par la Saône, qui se réunissent tous deux dans le confluent, il convient de préciser que les Lyonnais la considèrent comme une île. En conséquence, lorsqu'un autochtone parle de rive droite, sans plus de précision, il s'agit de celle de la Saône, et de rive gauche, ce ne peut être que celle du Rhône.

Fourvière, c'est la colline de la fondation puis de la foi. Elle l'est encore aujourd'hui, gardant le sérieux des œuvres pieuses, tout juste édulcorée par les trois joies : le laetáre grégorien de Pâques, le gaudete de Noël et l'exubérance du 8 décembre.

Sur la Croix-Rousse, on est beaucoup plus terre à terre. La colline a mérité son surnom au XIXᵉ siècle parce que le travail de la soie était la grande affaire, avec des cadences infernales et des salaires de misère.

Depuis le Moyen Âge, la soierie mondiale est marquée de l'empreinte lyonnaise. La soie, fibre d'exception, est aujourd'hui victime des coûts exagé-

Au bouchon La Mère Cottivet, *rue Palais-Grillet, une décoration bouliste toute lyonnaise.*

rés des charges sociales relativement à d'autres pays transformateurs. L'encouragement vient du tourisme et de la haute couture mais pour de faibles tonnages. L'expérience croix-roussienne en matière de tissage, dont profite la haute technologie textile, fait que Lyon reste la référence de la soierie mondiale.

Le musée des Tissus, installé dans l'hôtel de Villeroy (XVIIIᵉ siècle), en est le prolongement. Il permet, à travers des étoffes d'Orient et d'Occident, de suivre sur près de 2000 ans l'évolution du tissage et des décors ; la soierie lyonnaise étant particulièrement mise en avant. La qualité de ses expositions, son centre de documentation des textiles, riche de 30 000 ouvrages, sa banque d'images textiles, son atelier de restauration des textiles anciens, son centre international d'Etude des Textiles Anciens, l'asso-

Page suivante. Depuis Fourvière la vue embrasse tout le Grand Lyon.

1084 : début de la construction de l'actuelle église Saint-Paul.

1107 : consécration de la nouvelle abbaye d'Ainay par le pape Pascal II.

1157 : La Bulle d'Or de Frédéric Barberousse affirme l'autorité temporelle de l'archevêque sur la ville.

1165 : début de la construction de la primatiale Saint-Jean-Baptiste.

1180 : les frères pontifes entreprennent la construction d'un pont de bois sur le Rhône. Edification à Fourvière de la première chapelle dédiée à la Vierge Marie et à saint Thomas de Cantorbéry.

1245 : premier concile de Lyon réuni par Innocent IV pour excommunier Frédéric II Barberousse.

1268 : soulèvements des bourgeois contre l'autorité de l'archevêque.

1274 : second concile de Lyon, réuni par Grégoire X, qui entérine la brève réunification des églises d'Orient et d'Occident.

1305 : début timide de la construction de l'église Saint-Nizier. Couronnement du pape Clément V en la collégiale Saint-Just.

1316 : élection au couvent des Jacobins du pape Jean XXII.

1320 : rattachement de Lyon à la couronne de France. Naissance de la commune de Lyon.

1326 : construction de l'église Saint-Bonaventure.

1348-1363 : endémie de peste noire.

1420 : Charles VII fonde les trois premières foires de Lyon.

1436 : première Rebeyne (révolte populaire).

La Renaissance.

1460 : les Médicis transfèrent leur succursale de Genève à Lyon.

1463 (8 mars) : ordonnance de Louis XI accordant à Lyon quatre foires franches par an.

1473 : Barthélemy Buyer fait venir à Lyon le typographe liégeois Guillaume Le Roy qui achève d'imprimer le 17 mai 1473 le premier livre lyon-

ciation internationale de la Soie, etc., font du musée des Tissus une plate-forme internationale du rayonnement et de la création textile.

Complément du musée des Tissus, le musée des Arts décoratifs montre l'emploi des textiles et des tapisseries dans le décor intérieur des XVIIᵉ et XVIIIᵉ siècles.

C'est dans les milieux ouvriers, de la Croix-Rousse et de la Presqu'île, mais aussi de Montchat et de Vaux-en-Velin avec les immigrés italiens, que s'est imposée la boule lyonnaise, la longue comme la désignent ses adeptes. Les traditions se perdant, rares sont les bistrots qui possèdent encore leurs jeux de longue. Heureusement, ce sport se pratique largement sur de nombreuses places de la ville ou sur les terrains du confluent.

Pour présenter Lyon il faut aussi parler du caractère lyonnais et du goût pour le secret et la discrétion qui faisait définir la cité par Félix Benoît comme « *Une ville où l'on rit comme on fait l'amour : à huis clos* ». Il est certain que 2000 ans d'atavisme ont forgé une bourgeoisie qui, même si la ville explose aujourd'hui au plan international, cultive encore l'adage : « *pour vivre heureux, vivons caché* ». Au XXIᵉ siècle, grâce à des magazines comme *M. Lyon* ou *Lyon Mag*, on se rend compte que l'on n'est finalement pas si loin de l'univers de *Ciel de suie* décrit par Henri Béraud cinquante ans plus tôt, et se faire accepter à Lyon, si l'on n'est pas Lyonnais, n'est pas une sinécure.

Autre point notoire est le complexe que Lyon a longtemps fait vis-à-vis de Paris pour n'avoir pu accéder au rang de capitale. Pourtant, il s'en est fallu de peu : la mort du dauphin à Lyon et François 1ᵉʳ se

Pont Lafayette (1818), sur le Rhône : les sculptures illuminées la nuit. Page suivante. Sous le pont Lafayette, péniches et hôtel-Dieu.

nais, le Compendium breve du pape Innocent III. Au XVIe siècle l'imprimerie lyonnaise est l'une des plus célèbres au monde.

1527 : fondation du collège de la Trinité par les Jésuites.

1528 : découverte de la moitié de la Table Claudienne dans une vigne de la Croix-Rousse.

1529 : grande rebeyne populaire contre les accapareurs de blé.

1531 : création d'une aumône temporaire pour lutter contre la famine. En 1534, elle deviendra l'Aumône Générale.

1532-1535 : Rabelais est médecin à l'hôtel-Dieu. Il publie à Lyon Pantagruel puis Gargantua.

1536 : Etienne Turquet et Barthélemy Nariz installent les premiers métiers à tisser la soie dans le quartier Saint-Georges. Construction de l'hôtel Bullioud et sa galerie sur trompe par Philibert de l'Orme.

1540 : par privilège de François 1er Lyon devient le seul entrepôt de soie du royaume.

1555 : les salons de la poétesse Louise Labé s'ouvrent à tous les esprits brillants.

1560 : érection de la première croix de mission en pierre dorée de Couzon, qui donne son nom à la Croix-Rousse. Achèvement du pont de pierre sur le Rhône.

1562 (avril) : les huguenots du baron des Adrets envahissent Lyon. Pillage, destructions, viols se succèdent jusqu'en juin 1563. Les Lyonnais se vengeront lors de la Saint-Barthélemy lyonnaise.

1598 : édit de Nantes.

1600 : mariage à la cathédrale Saint-Jean-Baptiste du roi Henri IV et de Marie de Médicis.

Le XVIIe siècle

1605 : mise au point du métier dit « à la grande tire », par Claude Dangon, qui permet aux canuts de tisser des motifs.

1607 : début de la construction du collège de la Trinité et de sa chapelle (actuel lycée Ampère).

1617 : début de l'édification de l'hospice de la Charité par l'Aumône Générale.

détourne définitivement de celle dont il faisait doucement sa capitale. Autre espoir, à nouveau déçu, avec Napoléon lors des *Cent Jours,* lorsque l'accueil triomphal de la ville lui fait proclamer : « *Lyonnais, je vous aime* ».

Il est désormais acquis que Lyon brillera de mille feux et sera la capitale de nombreuses spécialités mais ne sera pas la Capitale.

On l'a vu avec la Révolution, le Lyonnais n'aime pas qu'on lui dicte sa conduite, le faisant passer pour un réactionnaire, lui qui n'est, à vrai dire, qu'un indépendant. C'est le général de Gaulle qui proclama Lyon « *capitale française de la Résistance* » dans un discours célèbre. Il est vrai que l'organisation patriotique régionale fut essentielle pour la Résistance française. Situé dans les bâtiments de l'ancienne école de Santé militaire, siège de la Gestapo sous l'Occupation, le Centre d'Histoire de la Résistance et de la Déportation entretient la flamme depuis 1992. Dans un espace scénographique remarquable d'objectivité historique où les métaphores des murs et de la nuit sont oppressants de réalisme carcéral, le visiteur chemine logiquement dans les évènements qui s'enchaînent d'un bout à l'autre de la guerre.

Paradoxe lyonnais, c'est dans des domaines où la ville pourrait parader qu'elle reste le plus réservée. Exemple la bijouterie et la petite joaillerie pour lesquelles Lyon est réellement la capitale ; mais là il est question d'argent – ou d'or – et la discrétion l'emporte.

Tradition ancestrale, la gastronomie est celle dont Lyon se vante le plus avantageusement. En 1934, lorsque Curnonsky proclame la ville capitale mondiale du bien manger, il ne fait qu'entériner ce

Sur la Saône, l'élégante passerelle du palais de Justice (1984, Lamboley-Delfante).

Rive gauche de la Saône, les bouquinistes.

Page suivante. Depuis le fort de Vaise, une vue originale du méandre de la Saône.

1622 à 1631 : agrandissement de l'hospital-du-Pont-du-Rhône, futur hôtel-Dieu.

1643 (8 septembre) : vœu des échevins et consécration de la ville à la Sainte Vierge pour obtenir sa protection face à la peste. La peste disparaît de Lyon à jamais.

1646 : début de construction du nouvel hôtel de ville du voyer Simon Maupin.

1659 : début de construction du couvent des dames de Saint-Pierre (musée des Beaux-Arts).

1667 : Colbert réglemente la Grande Fabrique lyonnaise de la soierie.

1700 : J. Hardouin-Mansart reconstruit l'hôtel de ville incendié en 1674.

Le XVIIIᵉ siècle.

1713 : statue de Louis XIV à Bellecour, par le sculpteur Tony Desjardins.

1730 : construction de l'hôtel de Villeroy (musée des Tissus).

1733 : achèvement de l'église Saint-Bruno.

1744 : première grève des ouvriers de la soierie opposés au métier Vaucanson.

1739-1764 : travaux de Germain Soufflot : agrandissement de l'hôtel-Dieu et sa façade du Front du Rhône, Loge du Change dans le Vieux-Lyon, Grand Théâtre, urbanisation du quartier Saint-Clair – Tolozan.

1761 : fondation par Bourgelat de la première école vétérinaire du monde.

1764 : Morand urbanise la rive gauche du Rhône et lance un pont en bois pour relier les Brotteaux.

1773 : Perrache commence ses travaux pour repousser le confluent du Rhône et de la Saône à La Mulatière.

1783 (15 juillet) : Claude de Jouffroy d'Abbans remonte la Saône sur son Pyroscaphe à vapeur.

1784 : ascension de la première montgolfière aux Brotteaux.

1786 : grèves des canuts pour l'obtention d'un « tarif ».

1789 : en juillet une émeute populaire renverse les barrières d'octroi de la ville.

---

culte de la bonne chère enraciné dans la culture régionale. Il n'est dès lors pas étonnant que Paul Bocuse, l'ambassadeur de la cuisine française, soit lyonnais et qu'il ait créé à Lyon l'un des concours les plus prestigieux du monde.

C'est dans le domaine du patrimoine monumental que Lyon a brillamment réussie. Depuis les années 50, où l'action de la Renaissance du Vieux-Lyon a fait prendre conscience, aux maires destructeurs, de la valeur patrimoniale et touristique de la ville, le courant est inversé. L'arrivée de Michel Noir à donné une impulsion sérieuse aux travaux de rénovation et d'embellissement des monuments et de la ville. Raymond Barre, pour sa part, a continué cette action en profitant de son audience internationale pour présenter à l'Unesco le dossier de classement au Patrimoine Mondial.

Toujours dans le cadre des réussites du patrimoine, le *Plan Lumière* illumine et met en valeur toutes les nuits 270 sites de la ville. Né directement des illuminations populaires de Fourvière, ce plan lumière est un attrait touristique majeur pour la ville.

Liés au patrimoine, les murs peints contribuent à une renommée artistique de la ville. Environ 150 murs peints décorent le Grand Lyon mais ne sont encore considérés que comme de simples parures sans valeur. En l'an 2000, deux murs importants ont été recouverts. À une époque où la moindre fresque des siècles antérieurs est restaurée, il est anormal de regarder comme négligeables des œuvres dont nos descendants reprocheront la disparition, surtout lorsque certains d'entre eux sont distingués par l'Unesco.

Ci-dessus et ci-contre. Splendeur des intérieurs des musées des Tissus et des Arts Décoratifs.

Le musée Historique de Lyon, encore nommé musée Gadagne, fait peau neuve jusqu'en 2003. Il évoque l'histoire de Lyon, du Moyen âge au XXᵉ siècle, à travers des collections d'archéologie, faïences, meubles, étains, arts, etc. Une section constitue le musée international de la Marionnette.

1792 : Chalier impose une dictature « sans-culotte ». Il sera guillotiné un an plus tard.

1793 (août-octobre) : siège de Lyon par les troupes de la Convention.

1793 (12 octobre) : décret de la Convention « Lyon n'est plus ».

1800 : Bonaparte passe à Lyon après Marengo.

Le XIXᵉ siècle.

1804 : le pape Pie VII séjourne à Lyon en se rendant au sacre de Napoléon.

1806 : Jacquard invente le métier à tisser mécanique.

1808 : Laurent Mourguet crée une marionnette qu'il nomme Guignol.

1814 : Napoléon de retour de l'île d'Elbe est accueilli triomphalement à Lyon où il proclame « Lyonnais, je vous aime ».

1825 : seconde statue de Louis XIV à Bellecour par Lemot.

1827 : les architectes Pollet et Chenavard transforment l'opéra.

1831 et 1834 : révoltes des canuts. Leur slogan « vivre en travaillant ou mourir en combattant ».

1832 : Marc Seguin relie Lyon à Saint-Etienne par chemin de fer en six heures.

1834 : la ville est munie d'une ceinture de forts.

1834-1870 : le cardinal de Bonald anime le renouveau catholique.

1835 : début de construction du palais de Justice par Baltard.

1840 : la plus forte crue de la Saône jamais enregistrée.

1852 : un décret impérial divise la ville en cinq arrondissements et lui rattache les communes de la Croix-Rousse, Vaise, Montchat et la Guillotière.

1852 (8 décembre) : premières illuminations.

1856 : construction du parc de la Tête d'Or par les frères Bülher.

1857 : mise en service de la gare de Perrache.

1860 : construction du palais du Commerce et percement de la rue Impériale (rue de la République) par Vaïsse.

Musée de la Résistance : reconstitution d'une petite place sur les hauteurs de la Croix-Rousse.

Depuis 1980, la Biennale de la danse et la Maison de la Danse, dirigée par Guy Darmet, rassemblent à Lyon toute la danse mondiale contemporaine. Relativement à la danse, le Conservatoire National Supérieur de Musique de Lyon ajoute désormais le D de danse à son nom. Il est installé depuis 1988 quai Chauveau, dans les anciens locaux de l'école Vétérinaire de Bourgelat et ancien couvent des sœurs de sainte Elisabeth (XVIIIᵉ siècle). Les cours de danse occupent une partie du Grenier d'Abondance, de l'autre côté de la Saône. Dans ces environnements historiques, 500 musiciens et 50 danseurs, dont 15 % d'étrangers, préparent des diplômes nationaux supérieurs de musique ou de chorégraphie. À noter que, dans le cadre du conservatoire, de nombreux spectacles sont organisés, dont certains à titre gracieux.

À proximité du Grenier d'Abondance, les Subsistances, derniers des grands bâtiments lyonnais réhabilités, occupent désormais les anciens locaux du couvent Sainte-Marie des chaînes, siège de l'intendance militaire depuis 1807.

Expérience insolite dans le domaine du soutien à la création artistique de la part d'une ville. Les Subsistances se présentent comme un espace propice à la conception, la fabrication et la diffusion de projets artistiques empreints d'originalité, d'audace et de pertinence, un laboratoire ouvert à toutes les disciplines de la création contemporaine.

Et le cinéma, et l'imprimerie et l'édition me direz-vous avec juste raison? Eh bien, là, Lyon a manqué de perspicacité! Comme les frères Lumière, les inventeurs du cinéma eux-mêmes qui, au début, ne croyaient pas à l'avenir de leur invention.

Posséder un tel filon et l'oublier, ou presque, pendant cent ans est grave. Aujourd'hui, les notoriétés de Cannes ou de Courchevel sont assises sur le 7e art. La célébration du centenaire du cinéma aurait pu être l'occasion de lancer un grand projet cinématographique; peine perdue, elle est passée quasiment inaperçue, ne laissant comme trace qu'un mur peint près du cours Gambetta. Heureusement, l'Institut Lumière, installé depuis 1982 dans le château Lumière, témoigne de ce passé glorieux. A la fois musée et cinémathèque, ses missions sont la conservation des patrimoines – films, livres, affiches, etc. – et le cinéma vivant par des projections de films anciens, des expositions et des formations.

Mais c'est la région Rhône-Alpes qui sauve les meubles avec Rhône-Alpes Cinéma, installé à la villa Gillet à la Croix-Rousse. Par un système d'avances sur recette, cet organisme finance jusqu'à dix pour cent de certains films et soutient leur promotion et

Conservatoire national supérieur de musique et de danse: le cloître et l'amphithéâtre Chabrol où Bourgelat disséquait autrefois les animaux.

1863 : fondation du Crédit Lyonnais.

1868 : création du journal Le Progrès.

1872 : début de construction de la basilique de Fourvière.

1876 : début de construction des facultés du quai Claude Bernard.

1877 : théâtre des Célestins.

1879 : création de la compagnie d'Omnibus et Tramways Lyonnais.

1884 : le comte Hilaire de Chardonnet invente la soie artificielle.

1890 : fin de construction de l'hôtel de la Préfecture et du Conseil Général par Pollet.

1892 : installation de la fontaine Bartholdi place des Terreaux.

1895 : les frères Lumière inventent le cinématographe.

Le XXᵉ siècle.

1901 : Marius Berliet ouvre une usine à Montplaisir.

1904 : début de la construction de la gare des Brotteaux.

1905 : élection d'Edouard Herriot comme maire de Lyon. Il restera en poste pendant 52 ans.

1909 : début de la construction de l'abattoir et du marché aux bestiaux de Gerland par Tony Garnier.

1910 : éclairage électrique des grandes rues de la ville.

1913-1930 : construction de l'hôpital Edouard Herriot de Grange-Blanche par Tony Garnier.

1913 : construction du stade de Gerland par Tony Garnier.

1916 : rétablissement des foires de Lyon.

1922 : ouverture de Rhodiaceta à Vaise. Ouverture de l'aéroport de Bron.

1925 : début de la construction de la cité des Etats-Unis par Tony Garnier.

1926 : début de la construction de la Bourse du Travail par Charles Meysson.

1930 : éboulement de la colline de Fourvière (13 novembre).

1931 : début de la construction des gratte-ciel de Villeurbanne.

Dans le musée de l'Imprimerie, fondé en 1964 par Maurice Audin dans l'ancien hôtel de la Couronne (XVᵉ siècle), une presse à bras lyonnaise du XVᵉ siècle, reconstituée.

Institut Lumière : premier décor de l'histoire du cinéma en 1895, le hangar du premier film sauvegardé cent ans plus tard.

leur diffusion. Ainsi, ont pu voir le jour plus de quatre-vingt-dix longs métrages tournés en Rhône-Alpes dont *Les enfants du marais*, *Un crime au paradis*, *Le hussard sur le toit* ou *Lucie Aubrac* pour ne citer que les plus populaires.

L'ouverture des studios de Villeurbanne, en 2002, devrait enfin donner à l'agglomération lyonnaise cette dimension d'Hollywood du cinéma français qu'elle mérite depuis un siècle.

Quant au livre et à l'édition, ils sont boudés par toutes les municipalités. Qu'il est loin le temps où l'imprimerie lyonnaise brillait de mille feux sur la scène internationale et où Rabelais et Nostradamus venaient à Lyon faire éditer leurs ouvrages. Lyon ne

Page suivante. Château Lumière : dans le jardin d'hiver des frères Lumière.

1934 : démolition de l'hospice de la Charité ; seul le clocher est conservé sous la pression populaire.

1935 : début de la construction de l'hôtel des Postes.

1942 (novembre) : occupation allemande.

1943 (15 mai) : Jean Moulin fonde le Conseil National de la Résistance. Le 21 juin, il est arrêté par la Gestapo.

1943 : Antoine de Saint-Exupéry écrit Le Petit Prince.

1944 : les Américains bombardent Vaise et la Guillotière. Les Allemands font sauter tous les ponts sauf celui de l'Homme de la Roche.

1950 : création de l'association Renaissance du Vieux-Lyon.

1952 : ouverture du tunnel de la Croix-Rousse.

1957 : Louis Pradel, élu maire.

1958 : construction du quartier de la Duchère et du campus de la Doua.

1964 : le Vieux-Lyon est le premier secteur sauvegardé de France grâce à la loi Malraux.

1964 (juin) : mise en service de la raffinerie de Feyzin.

1965 : début de la construction du quartier du Tonkin à Villeurbanne. Le marché aux Puces se déplace à la Feyssine.

1967 : début de la construction du quartier de la Part-Dieu.

1968 : création de la COURLY (COmmunauté URbaine de LYon) réunissant 56 communes.

1969 : inauguration de l'hôpital cardio-vasculaire.

1970 : inauguration des nouvelles halles de la Part-Dieu.

1972 : ouverture du tunnel de Fourvière. Construction du centre d'échange de Perrache et du Centre International de Recherche sur le Cancer.

1973 : inauguration de la bibliothèque de la Part-Dieu.

1975 : constitution de l'Assemblée régionale Rhône-Alpes à Charbonnières. Inauguration à la Part-Dieu de l'auditorium Maurice Ravel et du centre commercial. Mise en service de l'aéroport de Satolas (20 avril). Inauguration du musée de la Civilisation Gallo-Romaine (9 novembre).

Dans les anciens locaux de l'institut Pasteur, laboratoire Marcel Mérieux, le centre P4 Jean Mérieux et le centre européen de recherche en Immunologie et Virologie.

compte pas une seule presse offset de grand format, les auteurs de talent courent se faire éditer à Paris ou ailleurs, et les élus, quand ils ne sabotent pas les salons du livre comme en 1992, ou ne dépensent pas deux fois le prix d'un guide en faisant appel à un éditeur parisien, bottent en touche et renvoient les responsables de l'association des éditeurs lyonnais aux responsabilités du Grand Lyon.

Dans cet univers, seul le musée de l'Imprimerie, et son efficace conservateur, promeut vaillamment l'histoire de l'imprimerie et de ses techniques à travers les âges, et notamment de l'imprimerie lyonnaise et de son âge d'or au XVIe siècle. Parallèlement, le musée initie enfants et adultes aux techniques de la reproduction graphique sous forme de cours organisés par des spécialistes.

Le célèbre couloir de la chimie est né des nécessités liées à l'ennoblissement textile de la soie puis de la recherche de fibres de substitution et leur coloration. Après guerre, de nombreuses usines produisaient des produits destinés à la pharmacie, la photographie, la parfumerie, l'alimentation et le textile.

Mais c'est en juin 1964, avec la mise en service de la raffinerie de Feyzin que le paysage industriel régional change car au delà du traitement de pétrole brut, la raffinerie présente la particularité de développer une activité de pétrochimie. Ainsi, grâce à des installations de distillation, de craquage ou encore d'éthérification et d'alkylation, la raffinerie fournit une gamme impressionnante de carburants, gazs, fiouls et bitumes ainsi que des produits de base destinés à toute la chimie régionale (plastiques, résines, solvants, colorants, fibres, explosifs, etc.). Approvisionnée par oléoducs, la raffinerie traite environ six millions de tonnes de pétrole brut par an.

1977 : Francisque Collomb élu maire.

1977 : construction de la tour de 142 m du Crédit Lyonnais, surnommée le crayon.

1978 (2 mai) : mise en service de la première ligne de métro Perrache Cusset.

1981 : inauguration du Jardin Archéologique de Saint-Jean.

1983 (juin) : mise en service de la gare de la Part-Dieu. Le TGV relie Lyon à Paris en deux heures.

1984 : inauguration du parc des expositions EUREXPO. Création de la Biennale de la Danse.

1986 (octobre) : le pape Jean-Paul II à Lyon.

1987 (septembre) : inauguration de l'ENS à Gerland.

1988 : ouverture du Conservatoire national de Musique (février). Inauguration de la halle Tony Garnier rénovée (décembre).

1989 : Michel Noir élu maire.

1989 : lancement du plan Lumière.

1990 : inauguration du siège mondial d'Interpol à la Cité Internationale.

1992 (15 octobre) : inauguration du Centre d'Histoire de la Résistance et de la Déportation.

1994 : émission du timbre consacré à Laurent Mourguet et Guignol.

1995 : Raymond Barre élu maire.

1996 (juin) : le G7 a lieu à Lyon.

1998 (3 avril) : inauguration du musée des Beaux-Arts rénové.

1998 (5 décembre) : le site historique de Lyon est inscrit au Patrimoine Mondial de l'Humanité par l'UNESCO.

1999 : dixième anniversaire du plan lumière. Premier festival de la lumière. Lyon capitale mondiale de la lumière.

2000 : ouverture du casino de la Cité Internationale.

2001 (2 janvier) : mise en service de la première ligne de tramway.

2001 (février) : inauguration du siège mondial d'Infograme à Vaise.

2001 (mars) : Gérard Collomb élu maire.

2001 : l'O.L. remporte la coupe de la Ligue.

2001 (19 mai) : émission du timbre le Vieux-Lyon.

Plus récente est la reconnaissance de Lyon comme ville de la biologie et de la pharmacie, grâce, notamment, aux laboratoires Mérieux. L'installation du Centre européen de virologie et du P4, le Pôle mondial de surveillance et d'alerte des maladies transmissibles qui travaille sur des virus du type Ebola, démontre à l'envi le rôle international pris par la biologie lyonnaise.

Le développement du quartier de Gerland autour de la recherche scientifique en biologie s'accompagne de l'installation de grandes écoles à proximité du nouveau parc de loisirs (E.N.S., université Lyon I, etc. Un programme de développement nommé « *Boulevard scientifique* », conduit par le Grand Lyon, est destiné à favoriser une synergie entre laboratoires de recherche, unités de production et structures d'enseignement.

Start'up lyonnaise née en 1983, Infograme Interlainment, le leader européen des jeux vidéo et des CD interactifs n'en finit pas de gagner des parts du marché mondial. Son nouveau siège, à Vaise, est un modèle d'architecture futuriste.

Le futur musée des Confluences, Cristal-Nuage, au confluent du Rhône et de la Saône, sera consacré aux sciences et aux sociétés.

En janvier 2001, Citadis, le tramways lyonnais à la silhouette blanche et bleue, a pris son envol pendant que la ligne B du métro était prolongée jusqu'au quartier Gerland. À la même époque, les nouveaux trolleys Cristallis faisaient leurs premiers tours de roues.

De nouveaux parkings sont construits un peu partout et certains font l'objet d'une décoration particulièrement originale. Cela ne résout pourtant

En forme de quatre bateaux, les bâtiments du siège mondial d'Infogrames Entertainment, aujourd'hui Atari, évoquent le passé fluvial du quartier. Réalisation Sud Architectes Lyon.

Page de droite : mise en service en 1964, la raffinerie de Feyzin contribue au dynamisme de la région Rhône-Alpes.

2002 : l'OL champion de France de football.

2002 (octobre) : ouverture de l'aquarium du Grand Lyon à La Mulatière.

2003 : l'OL champion de France de football.

2003 : émission d'un timbre consacré à Guignol le Lyonnais.

Lyon en chiffres

Population : 445 274 habitants (Rec. 1999)
Superficie : 4 575 ha (sans les fleuves)
Superfie classée Unesco : 476 ha
Latitude : 45°43'23"nord
Longitude : 4°56'37"est
Altitude :

    centre ville : 170 m
    Croix-Rousse : 250 m
    Fourvière : 300 m

9 arrondissements

29 ponts (y compris chemin de fer)
Débit du Rhône (entrée de Lyon) : 600 m³/s
Débit du Rhône (après confluent) : 1020 m³/s

59 églises
252 620 emplois
42 stations de métro
29,3 km de voies de métro
440 000 utilisateurs jour
39 stations de tramway
18,6 km de voies de tramway (2001)

Budget de la ville 2001 : 3 603 MF (549 M. euros)

Le Grand Lyon :

Superficie : 49 346 ha
55 communes
2 517 km de voies urbaines et rurales
Villeurbanne : 127 299 habitants.

pas les problèmes de circulation et de stationnement. Il est vrai que les déficiences des tunnels et de la rocade Est amènent enfin les élus à prévoir une rocade Ouest et un tracé de grand contournement de l'agglomération.

En juin 2000, l'aéroport Lyon Satolas abandonne son nom au profit de celui d'Antoine de Saint-Exupéry, né à Lyon en 1900 et élu écrivain du XXe siècle.

La seconde tranche de la Cité Internationale est lancée, au nord de la ville, comme la première sous la responsabilité de l'architecte Renzo Piano. Elle comprend une salle de 3000 places, 4 000 m² d'espaces d'exposition supplémentaires et un centre de conférences international.

Dans le cadre de la Cité, l'an 2000 a également vu l'ouverture du casino. Lyon est ainsi la première ville non thermale et non balnéaire à profiter de ce jackpot.

L'avenir de Lyon se joue aussi au sud de la ville avec le développement de Gerland mais aussi avec la restructuration en projet de ville et de vie, dans le cadre de Lyon Confluence, et le déplacement du marché de gros à Corbas, de la Presqu'île sud, derrière Perrache.

Lyon démarre le XXIe siècle avec les moyens de ses ambitions. Les deux dernières municipalités ont démontré qu'avec de la volonté et la mise en place des conditions nécessaires, les forces vives de la cité et de la région sont capables de génie. Lyon est prête, au sein de l'Europe, pour affronter son troisième millénaire.

Le tramway à fait sa réapparition le 2 janvier 2001.

Le parking des Célestins et son miroir tournant. Réalisation de Lyon Parc Auto. Scénographie Jean-Michel Wilmotte. Signalétique Yann Pennor's. Architecte Michel Targe. Artiste Daniel Buren.

Page suivante. La grandiose aile de la gare TGV de l'aéroport Lyon Saint-Exupéry. Architecte : S. Calatrava.

Lyon, ville du Patrimoine Mondial

Le 5 décembre 1998 est un jour à marquer d'une pierre dans le jardin historique de Lyon. Ce jour-là, le dossier d'inscription au Patrimoine Mondial de l'humanité de l'ensemble du site historique a été officiellement accepté par le comité du Patrimoine de l'Unesco, réuni à Kyoto au Japon.

L'aventure débute en 1995, lorsque Régis Neyret, ancien président de la Renaissance du Vieux-Lyon, lance l'idée de présenter la candidature du Vieux-Lyon au Patrimoine Mondial de l'Unesco.

Depuis 1972, l'Unesco a adopté une convention visant à identifier et protéger les sites naturels ou culturels présentant une valeur universelle et exceptionnelle.

Invité à l'assemblée générale de la Renaissance du Vieux-Lyon, le délégué de l'Unesco, M. Azzedine Beschaouch, suggère d'ajouter, aux zones médiévale et renaissance du Vieux-Lyon, le site gallo-romain de Lugdunum comme témoin d'une période historique essentielle de la ville. Mais la commission en charge du dossier de candidature n'en reste pas là ; elle définit un secteur beaucoup plus important, celui des anciens remparts de la ville au XVIIIe siècle.

Ce sont donc les quartiers du Vieux-Lyon, de Fourvière et Saint-Just, les pentes de la Croix-Rousse et les trois quarts de la Presqu'île jusqu'à Ainay, soit quatre cent soixante-seize hectares (près de 10 % du territoire de la cité), qui constituent le site historique de Lyon. Comme on le constate, ce secteur correspond à des quartiers vivants, non figés dans une

La lisibilité des siècles définie par l'Unesco passe aussi par le XIXe siècle, important à Lyon. Café-concert, puis théâtre Bellecour en 1877 avant d'être le siège du journal Le Progrès, ce bâtiment fut reconstruit en 1894 par l'architecte Prosper Perrin qui conserva la magnifique façade à cariatides.

notion de ville musée mais dans lesquels on peut aussi lire les différentes étapes de l'édification de la ville, le travail de fourmis de cent générations de Lyonnais.

Or cette démarche correspond exactement à l'état d'esprit de l'Unesco qui définit, dans les attendus de l'inscription : « *Lyon, exemple éminent d'établissement humain, représente un témoignage exceptionnel de la continuité de l'installation urbaine sur plus de deux millénaires.* »

Six cent trente sites ou monuments mondiaux font partie de ce classement, dont vingt-deux français, parmi lesquels le Mont Saint-Michel, la basilique Sainte-Madeleine de Vézelay, les calanques de Piana, le pont du Gard ou encore le château de Versailles. Les villes françaises classées sont peu nombreuses ; à part Lyon, on ne compte que la Petite France de Strasbourg, Avignon ou la cité médiévale de Carcassonne.

Plus grand site urbain mondial retenu après Prague, Lyon joue aujourd'hui dans la cour des grandes : Venise, Saint-Pétersbourg, Florence, Salzbourg, Naples, Cordoue, Tolède, Québec, etc.

Après une cinquantaine d'années de batailles de sauvegarde du patrimoine construit et quelques dizaines d'années de restauration, Lyon commence enfin à se faire reconnaître, elle qui traîne encore, depuis Baudelaire, sa réputation de « *ville de charbon* ».

Exit le brouillard de « *Myrlingues* » et le « *ciel de suie* ». Il faudra bien un jour que ses détracteurs ouvrent les yeux sur cette cité pimpante, pleine de lumière et de couleurs, reconnue désormais comme l'une des merveilles du monde.

La chapelle de la Trinité, au lycée Ampère, témoin de l'époque baroque de Lyon, aujourd'hui restaurée.

La tour rose, l'un des symboles Renaissance de Lyon dont tous les visiteurs se souviennent.

Lyon, cité gallo-romaine

La première occupation humaine du site de Lyon semble remonter à la fin du paléolithique (10000 à 6000 avant J.-C.), au bord du plateau de la Duchère. À cette époque, les hommes se tiennent à l'écart du Rhône et de la Saône dont les cours ne sont pas fixés et dont les crues sont dangereuses. Dès le néolithique (6000 à 2000 avant J.-C.), l'installation se fait au bord du Rhône, de Saint-Priest à Anse. À l'Âge du Bronze,

Détail d'un des tombeaux de la place Eugène-Wernert. Des fouilles effectuées à Trion, en 1885, ont livré un ensemble de tombeaux monumentaux du Ier siècle, alignés au bord de la voie d'Aquitaine.

puis du Fer, c'est aux pentes de la Duchère et de la plaine de Vaise d'être occupées.

Curieusement, alors que la Gaule n'est pas encore conquise, l'influence romaine s'exerce dès 140 avant Jésus-Christ, notamment en ce qui concerne la monnaie et la poterie.

En 58 avant J.-C., lorsqu'il entreprend la guerre des Gaules, César établit à Fourvière un premier campement.

Bien que Lugdunum soit la deuxième ville de l'Empire romain, les écrits relatant sa fondation sont rares. C'est donc essentiellement l'archéologie et l'épigraphie qui nous renseignent sur ce point controversé de l'histoire de la ville.

D'après Cicéron, une révolte des Allobroges contre les vétérans romains de la Ve légion, en 44 avant J.-C., est à l'origine de leur expulsion de Vienne. Suite à l'assassinat de Jules César, en mars 44, la période est à l'instabilité politique. Ces militaires, placés là par César pour contrôler la nouvelle colonie latine hostile au dictateur, remontent alors le Rhône pour s'installer au confluent avec la Saône.

La correspondance entre Cicéron et Munatius Plancus, le gouverneur de la Gaule chevelue, montre que le fondateur de Lugdunum demande au sénat l'autorisation de lotir les soldats pour les empêcher de rallier Antoine. En plus de son accord, le sénat octroie le statut de colonie romaine qui offre, entre autres, des avantages fiscaux.

Page suivante. A Beaunant, des vestiges spectaculaires de l'aqueduc du Gier. Ce sont les plus importants avec ceux de Chaponost.

À Fourvière, rue Roger-Radisson, des vestiges du plus long des quatre aqueducs, celui du Gier.
Sous le règne d'Auguste sont construit les deux premiers aqueducs : ceux des Monts d'Or (10 000 m³ d'eau par jour) et de l'Yzeron (13 000 m³ par jour).
Claude fait édifier l'aqueduc de la Brévenne, long de 66 km, qui alimente la cité en eau de ses 28 000 m³ quotidiens.
Sous le règne d'Hadrien, le quatrième aqueduc, celui du Gier, est construit. Long de 85 km, il fournit à la ville 25 000 m³ d'eau par jour, grâce à des canalisations impressionnantes de 170 cm de diamètre.

Rue des Farges, à Saint-Just, vestiges des termes romains municipaux du 1er siècle.

Page suivante. Le théâtre de Fourvière, probablement le plus ancien de Gaule et l'un des plus anciens du monde romain. D'une capacité de 4000 places, il est construit par Auguste à partir de 27 avant J.-C., puis agrandi sous Hadrien en 120 après J.-C (10 000 places). Ici ont lieu, l'été, les représentations des Nuits de Fourvière.

Pierre Wuilleumier et Amable Audin déterminèrent, grâce à l'orientation de l'axe principal de la cité, la date de sa fondation.

Le 10 octobre 43 avant Jésus-Christ, Munatius Plancus, debout au centre de la colonie, face au soleil levant, trace avec une charrue le *decumanus maximus* (actuelle rue Cleberg) puis le *cardo maximus*, les deux voies principales perpendiculaires, et délimite les enceintes de la colonie qui prend le nom de Lugdunum. Selon différentes étymologies, ce nom signifie *ville de Lugus*, dieu celte représenté par un corbeau, ou bien *mont de la lumière*. Relevons que les premières monnaies, frappées en 43, présentent l'effigie d'un corbeau.

À cette époque, des Gaulois de la tribu celte des Ségusiaves occupent la région mais toujours de façon éparse. Condate, le bourg gaulois établi au pied de la Croix-Rousse, ne se peuple que postérieurement à la fondation du site de Fourvière.

Les nautes de la Saône sont installés sur la rive droite et les marchands et colons occupent l'île des Canabaes, à l'ancien confluent du Rhône et de la Saône (actuel quartier d'Ainay).

Soumise aux influences celtes et orientales, comme les cultes de Cybèle et de Mythra, la civilisation romaine perd ses valeurs fondatrices qui sont la famille, le respect des dieux, le courage, la loyauté et la fidélité, le goût de la gloire et la situation publique. Parce qu'il comprend que la cohésion de l'Empire est en jeu, Auguste introduit, en 27 avant J.-C., le culte de la personne impériale afin de moraliser les institutions. C'est à cette époque qu'il décide de faire de Lugdunum la capitale des Trois Gaules et confie à son gendre Agrippa le soin d'édifier, à partir d'elle, un important réseau routier.

Puis il confie à Drusus, en 12 avant J.-C., la construction, sur la colline de la Croix-Rousse, du sanctuaire fédéral des Trois Gaules, siège du culte impérial, officiel et obligatoire, et lieu de réunion annuelle des délégués des soixante tribus gauloises, prélude de l'Assemblée Nationale et de la nation.

Trente et un ans plus tard, à la demande de Tibère, Rufus, prêtre de Rome et d'Auguste, finance les travaux de l'amphithéâtre de la Croix-Rousse où les combats de gladiateurs rivalisent avec les concours d'éloquence de Caligula, au cours desquels il oblige les perdants à effacer leurs mauvaises œuvres avec la langue. La ville compte alors 50 000 habitants.

L'empereur Claude est né à Lugdunum en 10 avant J.-C. C'est lui qui demande au sénat romain la

L'odéon de Fourvière, construit au cours du Ier siècle, était consacré à la musique, à la poésie et aux lectures publiques. Le magnifique dallage de son orchestra est une juxtaposition de matériaux nobles : marbres multicolores de Carrare et de Sienne, granite gris et syénite d'Italie, porphyres vert de Grèce et rouge d'Égypte.

citoyenneté pour les Lyonnais dans un discours célèbre gravé dans le bronze de la table claudienne.

De 117 à 138, sous le règne de l'empereur Hadrien, Lugdunum connaît son apogée.

L'amphithéâtre de la Croix-Rousse est agrandi à vingt mille places et l'autel du sanctuaire fédéral des Trois Gaules enrichi de deux gigantesques colonnes de quatorze mètres. Un nouveau forum est bâti sur la colline de Fourvière ainsi que le cirque et l'odéon. Le théâtre d'Auguste est agrandi à dix mille places.

Hadrien lance la construction du sanctuaire de Cybèle, au-dessus du théâtre de Fourvière. Sur ses autels tauroboliques sont pratiqués des rites sanglants : flagellations, sacrifices de taureaux, castration. Ce culte sera à l'origine du martyre des chrétiens lyonnais.

Au milieu du deuxième siècle, une importante colonie chrétienne est implantée à Lugdunum, dirigée par Pothin, le premier évêque. Pour les chrétiens, qui croient en un Dieu d'amour unique, le culte officiel est une abomination et une apostasie ; aussi, refusent-ils de s'y soumettre.

L'ensemble du parc archéologique de Fourvière comprend, outre les théâtres, des vestiges du temple de Cybèle, de boutiques, d'ateliers d'artisans, d'une voie romaine, d'un réservoir d'eau et de structures de vie tel ce puits.

Le long de la voie d'accès au parc archéologique de Fourvière, le plus ancien mur peint de Lyon.

Page suivante. Mosaïque des jeux du cirque. Cette mosaïque de la fin du IIe siècle, trouvée à Ainay en 1806, met en scène huit quadriges. Elle permet de comprendre le fonctionnement des jeux du cirque mais atteste aussi de l'existence d'un cirque aux structures de bois aujourd'hui disparues. Musée de la Civilisation gallo-romaine.

Ils sont alors désignés comme des citoyens déloyaux, cherchant à attenter à l'autorité impériale. Responsables des calamités du fait de leur athéisme qui irrite les dieux, ils deviennent les boucs émissaires d'une société sans repères.

Lors du Vendredi Saint 177, la foule se jette sur eux. S'enchaînent alors les sévices et les tortures racontés dans la « *lettre des chrétiens de Lyon et de Vienne à leurs frères d'Asie et de Phrygie* ».

Dix-neuf sont étouffés en prison, dont saint Pothin, vingt-quatre décapités parce que citoyens romains et six livrés aux bêtes, dont sainte Blandine aux pieds de laquelle se couchent les fauves.

Quelques années plus tard, le théâtre du conflit opposant Septime Sévère à Albinus est Lugdunum. Le mauvais choix de la cité va déclencher représailles, destructions et pillages annonciateurs de son déclin. Néanmoins, la domination romaine marquera Lugdunum jusqu'en 457, date de l'invasion de la ville par les Burgondes qui la rebaptiseront Lugdon.

Mosaïque et dieux Larves au musée de la Civilisation gallo-romaine.
Situé dans le parc archéologique de Fourvière, le musée de la Civilisation gallo-romaine présente, depuis 1976, les collections archéologiques les plus riches de France après celles du musée National. À partir de vestiges et objets découverts pour la plupart dans le sol lyonnais, le musée retrace quatre siècles de vie, coutumes, croyances, arts et institutions à Lugdunum.

Page suivante. Sous Tibère, le prêtre Rufus construit l'amphithéâtre de la Croix-Rousse. Sous le règne de l'empereur Hadrien, il est agrandi à vingt mille places. C'est là qu'ont lieu les combats de gladiateurs, c'est là aussi que périrent les chrétiens en l'an 177.

En inclusion, parmi les martyrs de 177, Blandine qui deviendra la plus célèbre avec l'évêque Pothin. Détail de la mosaïque de la salle des martyrs à l'Antiquaille.

La cour des Voraces au n° 9 place Colbert, à l'occasion du 8 décembre.

Lyon, de traboules en escaliers

Qui n'a jamais foulé les pavés du Vieux-Lyon sans penser à ceux qui, hier ou autrefois, empruntaient ces véritables lieux d'histoire que sont les traboules. Encore adolescent, une sensation m'habitait des personnages qui vivaient là à la Renaissance, alors que le quartier était flambant neuf, comme si la mémoire des pierres contractait le temps et me rapprochait d'eux.

Je m'attendais à les voir déboucher de l'une de ces allées piétonnières étroites, constituées d'enfilades de couloirs et de cours intérieures traversant les bâtiments.

L'étymologie de traboule est latine, elle vient de *trans* : à travers, et *ambulare* : se déplacer ; d'où le verbe trabouler et son substantif traboule. René Dejean rapporte que le linguiste André Compan souligne qu'en langue d'Oc un raccourci est désigné par les mots « *travoulo* » ou « *traboulo* ».

Il serait faux de croire qu'il n'existe des traboules que dans le Vieux-Lyon. Ce sont certes les plus anciennes (dès le IVe siècle), mais les pentes de la Croix-Rousse – à cause des canuts qui transportaient ainsi leurs pièces de soierie à l'abri - recèlent des merveilles architecturales de même que la Presqu'île. Les traboules sont une habitude et une économie de moyens ajoutées au goût lyonnais pour la clandestinité. Elles étaient et sont toujours nécessaires à Lyon.

Il y a toutes sortes de traboules, depuis la traboule toute simple, faite d'un couloir reliant une rue à une autre - que le Lyonnais appelle allée - jusqu'à la traboule à étages qui, comme la *cour des Voraces*, peut descendre de sept étages, emprunter une allée, traverser deux bâtiments avant de ressortir deux rues en contrebas. C'est grâce à ce labyrinthe que de nombreux

Page suivante. Une cour au n° 18 rue Saint-Jean. A voir absolument son escalier hélicoïdal sans noyau et un culot d'ogive sculpté du plus beau bourgeois du Vieux-Lyon.

Au n° 27 du quai Saint-Antoine, une traboule de la Presqu'île (XV à XVIIIe siècle).

Le célèbre passage Thiaffait, entre les rues Burdeau et Leynaud. Futur centre international de la haute-couture.

lyonnais eurent la vie sauve pendant la Révolution ou la seconde Guerre mondiale.

Et puis il y a les miraboules, encore appelées cours. Ce mot, forgé en 1961 par Félix Benoît, désigne les traboules ouvertes à un seul bout et finissant dans une cour intérieure que l'on visite pour en admirer (*mirar*) la cour ou la cage d'escalier.

Le recensement complet, à la suite du spécialiste qu'était René Dejean, permet d'estimer à environ 350 le nombre de traboules anciennes. Quant aux traboules rayonnantes de la rive gauche (XIXe et XXe siècle) le compte reste à faire.

Pour comprendre la curiosité et la richesse architecturale que représentent les traboules il est nécessaire d'en visiter quelques-unes. Pousser une porte pour voir si une allée se dissimule derrière est un geste naturel à Lyon, mais attention car, malgré les conventions avec certains propriétaires, toutes sont du domaine privé et il convient de les emprunter avec la discrétion et le respect dus aux habitants.

Les escaliers de Lyon

Nous ne traiterons pas ici des superbes escaliers Renaissance qui s'enroulent, avec ou sans noyau, dans les tours du Vieux-Lyon, mais des collines de Fourvière et de la Croix-Rousse qui ont, depuis longtemps, contraint les habitants à créer des raccourcis à même les pentes sous forme d'escaliers droits, pentus, et quelquefois vertigineux. Si Fourvière ne compte que onze montées, la Croix-Rousse s'enorgueillit, en revanche, de trente-cinq. Mais relativement au nombre de marches, c'est Fourvière qui emporte la palme. A la Croix-Rousse, la rue Grognard escalade 200 marches en trois volées. A Fourvière, c'est encore pire, et il vaut mieux descendre les 435 marches de la montée du Greillon que de les monter. Mais si vous voulez rejoindre la tour métallique depuis la gare Saint-Paul, il vous faudra gravir la montée des Carmes Déchaussés puis, après quelques mètres de replat, enchaîner sur la montée Nicolas de Lange ; en tout 800 marches, tout rond ! Dieu, quels mollets !

La rue Grognard. Mais peut-on l'appeler rue ?

Pour descendre de la place Chardonnet, deux magnifiques volées de marches.

C'est la lumière changeante qui confère son mystère au Vieux-Lyon.

Lyon Renaissance

Constitué, du nord au sud, des quartiers Saint-Paul, Saint-Jean et Saint-Georges, le Vieux-Lyon témoigne de la splendeur de Lyon aux XVe et XVIe siècles.

Et ce quartier sait s'y prendre pour séduire ceux qui le découvrent.

Le visiteur, qui arrive le matin de la place Bellecour, tombe instantanément sous le charme de la ligne ocre jaune et rosée des façades qui réfléchissent dans la Saône des transparences d'ambre et de miel.

Village dans la ville, le Vieux-Lyon se blottit au pied de la colline de Fourvière : en tout trente-cinq hectares d'habitat ancien dont vingt-quatre - c'est le plus grand ensemble Renaissance de France et le deuxième d'Europe après Venise - de secteur sauvegardé. Depuis le belvédère de la basilique, le regard surfe sur les tons multicolores des tuiles romaines, slalomant entre les nombreuses tours Renaissance qui, un peu partout, ponctuent le quartier de leur majesté.

Mais s'il est enjôleur de prime abord, c'est en marchant que le Vieux-Lyon se découvre et se mérite, en parcourant, pas toujours facilement, le lacis étroit de ses rues pavées.

En 1964, le Vieux-Lyon fut le premier en France à bénéficier du statut de secteur sauvegardé par le ministère Malraux. L'association La Renaissance du

Page suivante. Coincé entre la colline de Fourvière et la Saône : le Vieux-Lyon.

Vieux-Lyon, qui œuvre depuis les années 50, fut le vecteur des actions nécessaires au classement de ces quartiers exceptionnels et surtout le fer de lance d'une réaction visant à en empêcher la démolition sous prétexte d'urbanisme et de salubrité.

Comment en est-on arrivé là? En 1436, le roi Louis XI autorise les foires franches qui amènent dans la ville des marchands et banquiers de toutes nations dont beaucoup d'Italiens qui s'y installent.

Dans la même période, la cour de France séjourne fréquemment à Lyon. Les souverains Louis XI puis François 1er encouragent le tissage de la soie. L'imprimerie fait de Lyon sa capitale sous l'impulsion de Barthélemy Buyer. Les artistes, savants et poètes se rassemblent autour des libraires, animant une intense

Fleuron du Vieux-Lyon, la maison des Mayet de Beauvoir (1516). Mais peut-on parler de fleuron dans un quartier qui compte tant de merveilles?

Page suivante. La place du Change. Au centre, la maison du drapier Thomassin et ses fenêtres jumelées à meneaux (1493).

Au n°2 rue Saint-Georges, une extraordinaire cage d'escaliers s'enroule sur plan elliptique.

vie intellectuelle qui suscite inventivité et créativité.

Cette ère de prospérité permet l'édification de somptueuses demeures de style gothique ou Renaissance, pleines de caractères que l'on peut aujourd'hui qualifier de lyonnais : une certaine discrétion à l'extérieur mais un faste certain à l'intérieur, si ce n'est à l'intérieur des cours. Une rivalité s'établit pour la construction de la plus belle cour, la tour d'escaliers la plus originale ou les galeries à arcades superposées les plus ouvragées.

L'hôtel Croppet (1467) et ses deux arcs en plein cintre à pendentif central.

*Les magnifiques croisées d'ogives
de l'allée du n°20 rue Juiverie.*

*Au n°58, rue Saint-Jean, un exceptionnel puits
Renaissance à triple ouverture et trois coquilles.*

La palme revient indiscutablement à l'hôtel Bullioud (n°8 rue Juiverie) et sa galerie contrebutée par deux tourelles sur trompes, conçue par le jeune architecte lyonnais Philibert de l'Orme en 1536, véritable manifeste de l'architectonique renaissance des maçons français.

Le plan des édifices est toujours identique. Deux corps de bâtiments, parallèles à la rue, sont séparés par une cour où une tour d'escaliers permet d'accéder aux différents niveaux par des galeries à arcades ouvertes, voire à un belvédère avec potager et étable qui surprit fort Rabelais.

Certains voient dans le Vieux Lyon un quartier florentin. Bien qu'à la fin du XVIᵉ siècle les trois quarts des étrangers vivant à Lyon résident à proximité de la place du Change, le style des demeures ne semble pas avoir été influencé par eux. Leur fortune leur permettant seulement d'édifier des bâtiments plus grandioses mais selon la typologie locale.

Quelques fleurons sont à découvrir.

Le cœur du Vieux-Lyon est la cathédrale Saint-Jean-Baptiste et la collégiale Saint-Paul, son plus ancien monument religieux.

L'église Saint-Georges, de style néogothique, a été construite en 1844 par Bossan qui la qualifia de péché de jeunesse. Elle sert actuellement de paroisse aux catholiques traditionalistes.

Au n° 22 de la rue Juiverie, la maison Baronat, du nom de riches bourgeois qui l'occupèrent de 1446 à 1538. Sa tourelle d'angle en encorbellement. Sur sa façade, larmiers des fenêtres reposant sur sept culots sculptés de figurines et voûte en anse de panier du portail avec culots sculptés de têtes. Dans la cour, quatre galeries de même facture que la maison des Avocats.

Au n°42, rue Saint-Jean, belle maison du XVᵉ siècle. Les galeries ouvrent sur la cour une double arcade cintrée en anse de panier.

La Cour des Loges. Un hôtel de prestige aménagé dans l'ancienne dépendance du Petit Collège des Jésuites. Par la suite, laboratoire du mage Philippe de Lyon le thaumaturge (1849-1905), rival de Raspoutine à la cour de Russie.

Hostellerie du Gouvernement, place du Gouvernement (XVᵉ siècle). Détail de l'arc d'une porte.

Pour l'architecture civile, quelques bâtiments sont incontournables.

Le grand palais des Laurencin, marchands drapiers de la rue Saint-Jean, et sa tour octogonale crénelée.

La maison des avocats, rue de la Bombarde, encore appelée cour de la basoche, exemple d'une restauration plus que réussie.

La maison du Crible, rue du Bœuf, célèbre pour sa tour rose. La loge du change, place du Change, agrandie en 1747 par Soufflot, destinée à l'origine à accueillir les changeurs d'argent lors des foires.

L'hôtel Paterin, ou maison Henri IV, affiche trois étages de galeries et un superbe escalier en spirales.

Le Vieux-Lyon n'est pas un musée. Il convient de découvrir par soi-même les fenêtres à meneaux, les

portes en anse de panier, les traboules à croisées d'ogives, les escaliers à vis ou les tours ainsi que les rues et les places.

Celle de la Trinité, par exemple, en bas de la montée du Gourguillon, est passée à la postérité grâce à Guignol qui logeait juste en face de la maison du Soleil.

Centre historique lyonnais, le Vieux-Lyon possède aussi son musée qui partage, avec celui de la marionnette, le somptueux hôtel de Gadagne.

Quartier vivant par excellence, le Vieux-Lyon est le lieu de prédilection des artisans d'art qui, tous les dimanches, exposent au marché d'art de Saint-Georges.

Page suivante. Maison des Avocats. Ancienne auberge de la Croix-d'Or, fondée en 1471.

Lyon, La soierie

Dès le Moyen Âge la soierie est synonyme de luxe et de prestige, mais les importations grèvent les finances du pays. En 1466, le roi Louis XI décide la création d'une manufacture royale de draps d'or et de soie que fait échouer le Consulat lyonnais, influencé par les marchands banquiers italiens installés à Lyon et qui vivent du négoce avec l'Italie.

François 1er veut ruiner l'économie de Gênes qui a soutenu Charles Quint. En 1515, il a pris conscience de la force commerciale de Lyon - tête de pont de ses conquêtes italiennes - et de l'expansion du commerce de la soie dans son royaume. Il renouvelle l'arrêté de Charles VIII interdisant l'usage de soieries étrangères et promulgue une ordonnance en faveur des tisserands étrangers qui s'installeraient dans le pays. Il exempte de tous impôts les tisseurs de soie.

Page suivante. Georges Mattelon, un authentique canut de la Croix-Rousse.

Dès lors, le Consulat modifie son attitude. En 1536, deux tisseurs génois, Etienne Turquet et Barthélemy Nariz, installent des métiers à tisser dans le quartier Saint-Georges. En 1540, le roi déclare Lyon « *entrepôt unique de toutes les soies brutes et façonnées qui entreraient dans le royaume* ».

En 1554, la Corporation des ouvriers « *en draps d'or, d'argent et de soye* » est créée pour les 12 000 personnes vivant de la soierie.

Mais la qualité n'égale pas celle d'Italie. C'est un tisseur lyonnais, Claude Dangon, qui, en perfectionnant le métier à la grande tire en 1606, permet enfin

Pages 52 et 53, le métier dit à la tire où Jean-Yves, tisseur à Maison des Canuts, effectue des démonstrations.

Place de la Croix-Rousse, la statue actuelle de Jacquard, sculptée par Elie Ottavry, date de 1947.

l'exécution d'étoffes à grands dessins. En 1667, à l'initiative de Colbert, la Grande Fabrique, organisme corporatiste, regroupe tous les acteurs de la soierie et détermine les critères de qualité.

Un style propre, lyonnais, original, est développé par les dessinateurs locaux. Mais, au moment où Lyon accède à la suprématie mondiale, la révocation de l'édit de Nantes entraîne l'exil des banquiers, fabricants et tisserands protestants, faisant passer le nombre de

C'est une croix de pierre ocre jaune qui donna son nom au quartier des canuts en 1560.

Page suivante. À Maison des Canuts, Eric travaille sur métier à mécanique Jacquard.

Fruits et feuillages peints à la main sur mousseline de soie.

métiers de treize à quatre mille. La soierie lyonnaise se redresse rapidement et un style s'affirme sous l'influence des peintres de fleurs des Gobelins et de la Savonnerie. L'idée naît d'une école lyonnaise de dessin qui voit le jour en 1756.

Quatre-vingts dessinateurs travaillent à Lyon en 1790, dont le plus célèbre est Philippe de Lasalle, à la fois inventeur, marchand, tisseur et mécanicien de génie.

Grâce à Lyon, le goût français s'impose dans le monde entier.

Mais les canuts vivent toujours dans la misère et accumulent les rancœurs. Lors des révoltes de 1744 et 1786, ils demandent une juste reconnaissance de leurs qualifications mais ne sont pas entendus. À la suite de la Révolution et se sentant bernés, ils abandonnent la partie. Les fabricants se dispersent et beaucoup d'ateliers ferment. Sur les 18 000 métiers de 1787, 2000 seulement fonctionnent en 1793.

En 1804, Joseph Marie Jacquard met au point, grâce aux travaux de Vaucanson, un nouveau métier à tisser qui augmente la productivité par une programmation sur cartes perforées. La taille des nouveaux métiers transfère la fabrication à la Croix-Rousse qui devient « *la colline qui travaille* ».

En 1831, six mille canuts descendent dans les rues pour réclamer un salaire décent. Ils l'obtiennent du Préfet mais les marchands refusent de payer. Les canuts livrent bataille, drapeau noir déployé, scandant leur slogan devenu célèbre « *vivre en travaillant ou mourir en combattant* ». De même, les « *Voraces* », ouvriers démocrates socialistes libertaires, participent à la révolution de 1848.

Le nombre de métiers ne cesse pourtant d'augmenter. On dénombre 60 000 métiers en 1848. Le

Page suivante. Parmi les créateurs lyonnais, Chou Sundara se distingue par ses paysages de Lyon peints sur soie.

À la Maison des Canuts, Eric effectue une démonstration sur métier mécanique.

record de production est battu en 1853 avec 2 200 tonnes de soie grège.

Deux ans plus tard, la pébrine, maladie du ver à soie, décime les élevages français. Le temps que Pasteur mette au point le remède, le mal est fait et la moitié de la soie travaillée est importée.

L'industrialisation est lancée mais l'arrivée des fibres synthétiques porte un coup fatal à la soierie. Notons au passage l'invention, vers 1930, de l'impression à la lyonnaise où la sérigraphie remplace le travail à la planche.

Aujourd'hui, alors que les métiers modernes, pilotés par ordinateurs, fonctionnent à jet d'air, la soierie lyonnaise n'utilise plus que 350 tonnes de soie. Seuls quelques ateliers prestigieux, travaillant encore à la main, perpétuent les gestes des canuts. Dans ces maisons renommées sont réalisées les commandes des Monuments Historiques ou celles des plus grands noms de la haute couture.

Maison des Canuts, rue d'Ivry, est l'écomusée vivant du tissage lyonnais. Deux canuts tissent devant les visiteurs et répondent aux questions. Une visite au musée des Tissus permet d'admirer les réalisations de plusieurs siècles de soierie lyonnaise. Une association, *Soierie Vivante,* permet la découverte de véritables ateliers de canuts et le fonctionnement de métiers à passementerie. Plusieurs artisans en soierie et des entreprises confectionnent carrés, châles, écharpes, etc., selon la méthode d'impression à la lyonnaise ou en peint main.

Page suivante. L'association Soierie Vivante effectue des démonstrations, rue Richan, sur trois magnifiques métiers à passementerie.

La Couronne de Charlemagne, manteau de cheminée de l'abbaye de l'île Barbe. XIIe siècle. Musée Historique de la ville de Lyon.

Cachée derrière la chapelle de la Vierge noire, la chapelle du vœu de 1643, hélas toujours fermée.

Lyon, cité religieuse

L'histoire de l'église de Lyon s'enracine dans la foi au tout début du christianisme avec saint Polycarpe, le disciple de saint Jean, qui fut le maître de saint Pothin, premier évêque de Lyon. Mais cette église acquit son prestige lors du martyre de Blandine, Pothin et leurs quarante-sept compagnons, en l'an 177, dans l'amphithéâtre des Trois-Gaules à la Croix-Rousse. Ce sacrifice vaudra plus tard à Lyon le titre de Primatiale des Gaules.

Saint Irénée, le deuxième évêque, fut le premier à parler de l'Immaculée Conception de la Vierge. Ses livres sur la Gnose le rendirent célèbre dans tout le monde chrétien.

De nombreux monuments racontent la chronique des chrétiens lyonnais et leur dévotion à la Vierge Marie.

L'hôtel-Dieu, fondé sous la protection de la Vierge en 549, ou l'institution, en 1533, de l'Aumône Générale, modèle de Charité, en sont des exemples laïques.

Les trois cents madones qui nichent aux angles des murs de toute la ville et les cinquante-neuf églises témoignent de la foi lyonnaise de toutes les époques.

Il est vrai aussi que le Ciel encouragea cette foi et marqua profondément l'esprit lyonnais.

Page suivante. Au milieu de la Saône, les vestiges de l'abbaye de l'île Barbe.

Moderne acropole, la basilique de Fourvière domine la ville.

En 1870, suite à la défaite de Napoléon III, les Lyonnais recourent encore à un vœu pour demander à la Vierge d'épargner leur ville de l'invasion prussienne.

Lancé par un groupe de femmes, il est ratifié par des milliers de Lyonnais qui s'engagent à construire un sanctuaire sur la colline de Fourvière. L'archevêque de Lyon prononce solennellement le vœu. Malgré les ordres reçus, les Prussiens qui marchent sur Lyon font demi-tour ; la ville est sauvée. Les Lyonnais exécutent fidèlement leur vœu. Des souscriptions sont lancées, correspondant chacune à une partie numérotée de l'édifice qui se vend ainsi pierre par pierre. Il est alors de bon ton, dans les familles de la région, de montrer son ou ses numéros de souscription et de monter à Fourvière pour regarder la pose de sa pierre puis de la faire visiter à ses amis.

Confiée à l'architecte Pierre Bossan en 1872, l'église est consacrée en 1896. Pour Bossan, catholique dont l'art est influencé par le peintre mystique Louis Janmot, Fourvière doit être une forteresse : « *...le palais de la plus puissante des reines...* », la « *Turris davidica* » des litanies de la Vierge. Ainsi, symboliquement, les anges cariatides de la façade sont-ils armés d'épées alors que ceux de l'intérieur de la basilique jouent de la musique.

La décoration néobyzantine, toute de sculptures et de dorures, est consacrée aux thèmes mariaux et rappelle la place que la Vierge Marie tint dans l'histoire de France et du monde. Le symbolisme de la basilique montre que Marie est l'intermédiaire obligatoire pour aller au Christ. Pour ce faire, l'architecte a conçu une ligne verticale sur quatre niveaux qui part de la statue de saint Michel Archange, sur le dôme du chœur, passe par la colombe du Saint-Esprit, sous la voûte du chœur, la statue de la Vierge, sur l'autel, et

La peste de 1643 qui décime la population désespère le prévôt et les échevins qui en appellent à la Vierge. En la fête de sa nativité, ils font le vœu de lui élever deux statues et d'aller tous les ans en procession « *... en la chapelle de Fourvière pour y ouïr la messe, y faire des prières à la Vierge et lui offrir sept livres de cire blanche... et un écu d'or au soleil...* ». La peste disparaît définitivement et le 8 septembre devient la grande fête des Lyonnais.

Page suivante. La basilique Saint-Martin d'Ainay mériterait bien un bon lifting.

le gisant de saint Joseph sous l'autel de la crypte. Ainsi que l'on vienne du ciel ou de la terre, le médiateur est Marie.

D'autres églises méritent aussi une attention particulière.

Outre l'Ile Barbe, en grande partie démolie aux XVIIᵉ et XVIIIᵉ siècles, Saint-Martin d'Ainay est la plus vieille des cinquante-neuf églises de Lyon et seule sanctuaire roman de la cité. Les décors de sa façade

ainsi que le clocher porche à pyramidions sont quelques-uns des éléments intéressants, de même que le tympan, provenant de l'île Barbe, scellé dans le mur du baptistère.

À l'intérieur, les quatre gros piliers de la croisée du transept ont été taillés dans ceux de l'autel à Rome et à Auguste édifié à la Croix-Rousse en 12 avant J.-C.

Sur la voûte du chœur, une peinture d'Hippolyte Flandrin représente, outre le Christ et la Vierge, des saints lyonnais sur fond de mosaïque dorée.

Parmi les 320 médaillons de la façade de la cathédrale.

La très graphique façade de la manécanterie.

La sculpture romane de Saint-Martin atteint une perfection digne des plus célèbres églises.

La construction de la primatiale Saint-Jean-Baptiste commence en style roman au XIIᵉ siècle à la place de trois églises accolées dont les vestiges sont visibles au jardin archéologique voisin.

Elle s'achève au XIVᵉ siècle par la façade de style gothique flamboyant, percée de la grande rosace de

Jacques de Beaujeu et décorée de trois cent vingt médaillons sculptés remarquables.

Hélas, deux cents d'entre eux et cinquante statues furent martelés par les Huguenots lors de la prise de la ville en 1562. Une exceptionnelle horloge astronomique des XVIᵉ et XVIIᵉ siècles sonne encore l'heure quatre fois par jour.

Juste à côté, le trésor de la cathédrale se dissimu

*Depuis Fourvière, la masse imposante de la cathédrale
et sa curieuse tour arrière sud désaxée.*

*L'horloge astronomique de la cathédrale
sonne encore quatre fois par jour malgré
un âge plus que vénérable.*

*L'éblouissante chapelle des Bourbons, du
plus exceptionnel gothique flamboyant.*

le derrière la façade romane de la manécanterie (de manne cantare : chanter le matin) (XIIe siècle).

C'est dans la cathédrale que fut célébré le mariage du roi Henri IV et de Marie de Médicis, le 13 décembre 1600, ainsi que deux conciles.

À la Croix-Rousse, l'église Saint-Bruno, ancienne chapelle de la Chartreuse du Lys du Saint-Esprit, présente un autre chef-d'œuvre de l'art baroque, le fastueux baldaquin de Servandoni (1738), surmontant l'autel à double face, en marbre orangé, conçu par Soufflot.

L'église Saint-Paul est une juxtaposition de roman et de gothique. Les modillons de la toiture et la coupole à plan hexagonal ornée de deux étages d'arcatures sont du XIIe siècle. Dans les chapelles de style gothique flamboyant, une impressionnante clef de voûte et une voussure en arc brisé, sculptée de huit anges musiciens, sont incontournables.

Face à l'église, la statue de Jean Charlier, dit Gerson, rappelle que ce fameux théologien qui soutint Jeanne d'Arc, chancelier de l'Université de Paris, termina sa vie à Lyon (1429) comme chanoine de Saint-Paul, se vouant à l'éducation de la jeunesse.

À proximité de l'église Saint-Irénée et de sa crypte des martyrs, le calvaire de Saint-Irénée est le dernier des grands calvaires à dominer la ville.

Remontant aux premiers temps du christianisme, le rite lyonnais de la messe fait partie des grands rites de la chrétienté. Lorsque saint Pie V, au XVIe siècle, codifia définitivement le rite romain, les rites antérieurs de plus de deux cents ans furent conservés. Ainsi, il est toujours possible de dire la messe en latin dans le rite spécifique de Lyon.

Les anges musiciens, une constante de l'iconographie de l'église Saint-Paul.

Page précédente. Derrière la cathédrale, le jardin archéologique Girard Desargues regroupe les vestiges de trois anciennes églises.

Saint-Nizier, une façade étonnante mais agréable.
L'église Saint-Nizier recèle un trésor du baroque, la statue de Notre-Dame-des-Grâces, sculptée par Coysevox en 1697. Église gothique du XVe siècle, sa façade, ses deux clochers disparates (XVe et XIXe siècles), ainsi qu'une curieuse horloge de voûte, datée de 1549, sont à voir.

De nombreux saints parcoururent les rues de Lyon. Certains, comme saint Bonaventure ou saint François de Sales, y trouvèrent la mort. Des Lyonnais aussi furent des zélateurs de la foi.

Charles Démia fonde en 1699 la première école pour les enfants pauvres.

Pauline Jaricot (1799-1862) est la fondatrice de la Propagation de la Foi et de l'œuvre des ouvriers. Son Rosaire Vivant compta jusqu'à deux millions d'adhérents dans le monde.

Claudine Thévenet (1775-1836), fondatrice de la congrégation de Jésus-Marie et de l'œuvre de la Providence, s'occupait des filles abandonnées. Elle a été canonisée en 1993.

La Vierge de Coysevox, maintes fois copiée.

Page suivante. Saint-Nizier, une nef lumineuse, du plus beau gothique.

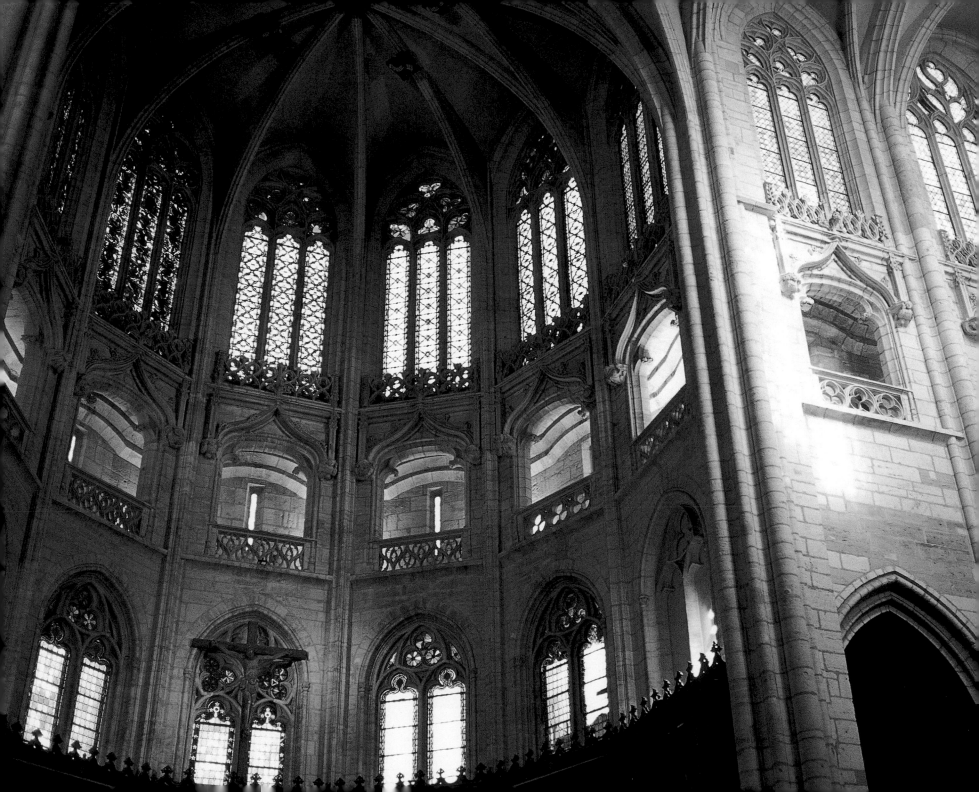

Saint-François-de-Sales, une église néo-classique riche de nombreuses reliques de saint François. Les fresques de la coupole sont de Louis Janmot (1859), le mobilier de J.-H. Fabisch et le baptistère de Sainte-Marie-Perrin.

Monseigneur de Marion Brésillac lança les Missions Africaines en 1856.

Le cardinal Gerlier, archevêque durant la seconde Guerre mondiale, tint tête aux Nazis et sauva nombre de Juifs et de résistants.

Frédéric Ozanam créa les conférences Saint-Vincent-de-Paul et le père Chevrier, en 1864, l'œuvre du Prado pour venir en aide au monde ouvrier. Il fut l'un des grands catholiques sociaux avec monseigneur de Bonald, précurseur des associations ouvrières et du syndicalisme ouvrier chrétien.

L'étonnant arc décoré de l'église Saint-Just.

Le maître-autel à double face, en marbre orangé, conçu par Soufflot pour l'église baroque Saint-Bruno.

Page suivante. L'exceptionnel baldaquin de Saint-Bruno, dû à Servandoni (1738).

Dans la basilique, une mosaïque rappelle la filiation du 8 décembre 1854 et du 8 décembre 1852.

La Vierge dorée de Fabisch, à l'origine des illuminations du 8 décembre. Ses mains sont disproportionnées pour être vues depuis le bord de Saône.

Lyon, ville lumière

À la suite du vœu des échevins de 1643, exaucé par la disparition définitive de la peste, le 8 septembre devient la fête lyonnaise par excellence. On choisit donc cette date, en 1852, pour bénir et inaugurer la grande statue de bronze doré de la Sainte Vierge placée sur le dôme du nouveau clocher qui domine la ville. Cette statue, de six mètres de haut, a été commandée à Fabisch qui sculptera aussi en 1863 la statue de la Vierge Miraculeuse de la grotte de Lourdes.

Hélas, l'atelier où est entreposée la statue est envahi par la Saône en crue. On repousse donc la cérémonie au 8 décembre.

Ce jour-là, les conditions météorologiques sont épouvantables. Pourtant la liesse est générale. Les cloches carillonnent et les canons tonnent. Le cardinal de Bonald bénit la statue dorée. À ce moment éclate un très violent orage qui oblige les participants à s'abriter. La cérémonie est terminée et l'embrasement annulé.

Dans la soirée, le vent tombe et la pluie s'arrête. La population, privée de sa fête, sort dans les rues et allume spontanément des feux pour éclairer la chapelle de Fourvière et la statue. Quelqu'un a l'idée de placer des bougies sur les rebords des fenêtres. Aussitôt, l'idée est reprise et les lumignons se multiplient par millions dans toute la ville. La fête s'attarde dans la nuit, les illuminations du 8 décembre sont nées.

Deux ans plus tard, le 8 décembre 1854, le pape Pie IX proclame le dogme de l'Immaculée Conception, thème dont saint Irénée, le deuxième évêque lyonnais, fut le premier à traiter dans ses écrits.

Aujourd'hui, la fête du 8 décembre est totalement désacralisée, remplacée par la fête des Lumières. Rares sont les catholiques qui processionnent encore ce jour-là à travers le jardin du Rosaire.

À la fin des années 80, la municipalité de Lyon prend conscience du formidable atout que représentent les illuminations et la mise en valeur des monuments lyonnais par un éclairage adapté. À travers un *Plan Lumière*, la municipalité entend prouver que « *la fonction de l'éclairage public peut s'enrichir d'une dimension esthétique et que la mise en lumière constitue une manière originale de valoriser la cité, ses murs et ses*

Page suivante. Le 8 décembre, c'est la fête, la basilique se pare ce jour de son habit bleu. À côté d'elle, une rampe lumineuse géante proclame : « Ave Maria ».

Festival des lumières 2000, la fontaine des Jacobins illuminée.

trésors architecturaux ». Depuis 1999, 267 sites dont 120 importants, 20 façades particulières et 20 rues de la ville sont illuminés toutes les nuits. Lors du dixième anniversaire du plan, le 8 décembre 1999, le premier festival des Lumières avec mise en scène et éclairages spéciaux illumina toute la ville. Lyon put se déclarer, ce soir-là, capitale mondiale de la lumière, regardant son passé avec une certaine condescendance.

Aujourd'hui, fière de son titre de Ville Lumière, Lyon exporte son savoir-faire lumineux dans le monde entier (Saint-Pétersbourg, La Havane, Hô Chi Mihn Ville, etc.).

Festival des lumières 1999, la Cité Internationale se met en scène.

Page suivante. Festival des lumières 1999, l'hôtel de ville se pare d'un manteau d'arlequin.

Monuments de Lyon

Lors du classement de Lyon au patrimoine mondial, les experts de l'Unesco mirent l'accent sur la lisibilité des époques à travers les différents monuments de la ville. Livrons-nous ici à un rapide recensement chronologique, hors des patrimoines romains et religieux traités par ailleurs.

Dès le XIIe siècle débute le chantier de l'hôtel-Dieu. Il est la suite de celui de l'an 549, construit par l'évêque saint Sacerdos sur ordre du roi des Burgondes Childebert et de la reine Ultrogoth pour soigner gratuitement les femmes enceintes sans ressources et les nécessiteux.

Ce fait fondait une tradition hospitalière lyonnaise toujours donnée en exemple et renforcée en 1665 par la création de la congrégation des sœurs hospitalières.

Suite à la Révolution, la municipalité réunit l'hôtel-Dieu à l'hôpital de la Charité fondé par l'Aumône Générale - premier organisme social de l'histoire - en 1617, et constitue les hospices civils de Lyon.

Page suivante. Le cloître de l'hôtel-Dieu, autour duquel sont gravés les noms des donateurs des Hospices Civils. Une médaille commémore également le passage de Rabelais, médecin en ces murs de 1532 à 1535.

Musée des Hospices Civils : statue de saint Clair.

Musée des Hospices Civils : une impressionnante collection de pots à pharmacie de toutes les époques.

Le musée des Hospices Civils présente la vie hospitalière lyonnaise à travers de nombreux objets et œuvres d'art. Il est riche des apothicaireries de l'hôtel-Dieu et de la Charité (photo ci-contre). Ci-dessus, l'arracheur de dents, détail des boiseries de cette dernière.

L'hôtel de ville de Lyon sur la place des Terreaux.

Le salon rouge de l'hôtel de ville.

Commencé en 1646 dans le pur style Louis XIII, l'hôtel de ville du voyer Simon Maupin sera en partie détruit le 13 septembre 1672 par un violent incendie. En 1699, la restauration est confiée à Jules-Hardouin Mansart, l'architecte du Roi Soleil.

L'hôtel de ville ne manque pas de curiosités : la statue équestre d'Henri IV, œuvre de Legendre-Héral en 1827 ; le beffroi qui abrite un carillon de soixante-cinq cloches et l'horloge de 1914 qui sonne les heures sur une cloche de 2,1 tonnes et les répète sur une de 4,3 tonnes ; la fameuse « *boule d'or* » souvent confondue avec un baromètre, restes d'une horloge astronomique conçue en 1652, et qui est en fait un astrolabe indiquant les phases de la lune ; le cyclope aux trois yeux, statue du sculpteur Lucien Pascal en 1883 ; le grand escalier d'honneur, entièrement peint d'une allégorie de Thomas Blanchet.

Bel exemple de baroque italien, le palais Saint-Pierre (place des Terreaux) - ex-monastère des dames Chanoinesses de Saint-Pierre - abrite depuis 1802 le musée des Beaux-Arts de Lyon.

Ravagée par les Huguenots en 1562, l'abbaye fut reconstruite, en 1686, selon les plans de l'architecte Royer de la Valfenière.

Restauré, le musée des Beaux-Arts expose l'une des plus grandes collections d'œuvres d'art de France : peintures françaises, espagnoles, flamandes, italiennes et hollandaises, mais aussi école lyonnaise du XIXe siècle. À l'issue d'un vaste programme de rénovation, la nouvelle muséographie permet une présentation moderne des salles de peinture, sculpture, antiquités égyptiennes, grecques, romaines, médaillier, et une importante collection d'art décoratif ; en tout 14 500 m² d'exposition. Le foisonnement et la diversité des œuvres présentées font du

Page suivante. La cage de l'escalier d'honneur de l'hôtel de ville, décorée par Thomas Blanchet.

Ci-contre et page suivante. Dans le jardin du musée des Beaux-Arts, conciliabule entre les bronzes de Carpeau, Rodin, Bourdelle, etc.

palais Saint-Pierre le musée le plus important de province.

Temple de l'église Réformée depuis 1803, la Loge du Change rappelle le rôle des marchands banquiers installés dans le Vieux-Lyon depuis le XVIᵉ siècle. Une première construction du XVIIᵉ siècle s'avérant trop petite, le Consulat de la ville demanda à Soufflot de l'agrandir en 1748.

C'est à la demande d'Henri IV, en 1595, que le pré de Bellecour devint une place. Louis XIV l'agrandit avant que soient placées en son centre, en 1713, une statue du souverain par Tony Desjardins et celles du Rhône et de la Saône par les frères Coustou.

La loge du Change, remaniée par Soufflot.

La nouvelle muséographie du musée Saint-Pierre, pour une meilleure perception des œuvres.

Fondue sous la Révolution pour fabriquer des canons, une nouvelle statue est sculptée en 1825 par le Lyonnais Lemot. Bonaparte releva la place Bellecour des démolitions de la Convention.

Situé place de la Comédie, le grand théâtre de Germain Soufflot a ouvert ses portes en 1756.

L'intérieur présente pour l'époque une architecture novatrice avec une salle sur plan ovale et trois galeries en retrait. De 1827 à 1831, les architectes Pollet et Chenavard lui donnent le caractère que nous lui connaissions jusqu'en 1997. Réaménagé par l'ar-chitecte Jean Nouvel, l'opéra s'est vu doté d'un dôme métallique surnommé le « *grill pain* » par les Lyonnais.

Le théâtre des Célestins est bâti à l'emplacement d'un ancien couvent des Célestins datant de 1407. Reconstruit en 1877 par l'architecte lyonnais Gaspard André, il est l'un des derniers théâtres à l'italienne de France.

Disposées en fer à cheval autour de la salle, les galeries superposées sont accessibles depuis un vaste atrium décoré de masques antiques. La décoration

Page suivante. La majesté du théâtre des Célestins de Gaspard André.

précieuse et les couleurs rouge et or témoignent de l'esprit de la fin du XIXe siècle. Deux cent cinquante mille spectateurs plébiscitent chaque année la programmation mi-classique, mi-innovante.

Construit en 1835, à l'emplacement de l'ancienne prison de Roanne, le palais de Justice, surnommé les « *24 colonnes* », est l'œuvre de Louis-Pierre Baltard qui, conformément à son époque, s'inspira de l'art gréco-romain. Sa façade, constituée de vingt-quatre colonnes corinthiennes, délimite un long péristyle dont les proportions, mal maîtrisées, écrasent l'ensemble du bâtiment ; ce qui suscita à l'époque de vives

Page suivante. Le Grand-Théâtre, devenu l'Opéra, surmonté du « grill pain » de Jean Nouvel.

La halle, chef-d'œuvre de Tony Garnier au XIXᵉ siècle, trône majestueuse dans le quartier futuriste de Gerland.

Malgré le déménagement du tribunal, les 24 colonnes ont conservé la cour d'Appel et la cour d'Assises.

critiques. Il abrite encore aujourd'hui la cour d'Appel et la cour d'Assises.

Construit en 1860, le palais du Commerce rassemble les services de la chambre de Commerce et d'Industrie de Lyon. L'élément remarquable en est la salle de la corbeille de l'ex-bourse de Lyon. Son plafond, soutenu par des caryatides, est peint d'une grandiose allégorie.

Le bâtiment de la préfecture et du conseil général du Rhône a été construit en 1890 par l'architecte Antonin Louvier. Escalier monumental et grands salons recèlent de nombreuses œuvres d'art. La salle des délibérations est éclairée d'une somptueuse verrière du Lyonnais Lucien Bégule.

Anciens abattoirs de la Mouche, la halle Tony Garnier, du nom de son génial concepteur, est la plus vaste surface couverte d'Europe sans poteaux (210 x 80 m), grâce à des poutres métalliques montées sur rotules d'une portée totale de 120 mètres. Au sol, aucun obstacle ne venant gêner la vue, la capacité d'accueil est de 18 000 places.

Architecte visionnaire et grand prix de Rome, Tony Garnier a signé d'autres réalisations lyonnaises telles l'hôpital Grange-Blanche, le stade d'athlétisme de Gerland et sa Cité Idéale, partiellement concrétisée dans le quartier des États-Unis.

Les graves erreurs d'analyse des années soixante valurent à Lyon la verrue du cour de Verdun - qui devrait disparaître en 2006 – et l'aménagement brutal du quartier de la Part-Dieu, destiné à sauver la presqu'île de l'asphyxie en créant un second centre, et d'où émergent *le Crayon* (la tour du Crédit Lyonnais) fort de ses 142 mètres, la bibliothèque municipale, bizarre silo à livres prévu pour deux millions de volu-

Page suivante. Au palais du Commerce, l'imposante salle de la corbeille.

mes, et l'Auditorium où l'orchestre national de Lyon dispose d'une salle à la mesure de son talent, sans oublier la moderne gare TGV.

La fin de siècle voit des réaménagements de qualité comme la place des Terreaux ou des constructions agréables telle la Cité Internationale de l'architecte Renzo Piano, construite en lieu et place de l'ancien palais de la Foire. Elle rassemble, à côté du siège d'Interpol, le palais des Congrès, un complexe de cinéma, un hôtel Hilton, le musée d'Art Contemporain et un casino.

Page suivante. La première tranche de la Cité Internationale de l'architecte Renzo Piano.

Le premier Guignol sculpté par Laurent Mourguet. 1808 - 1820. Musée de la Marionnette.

Au musée de la Marionnette, Mourguet et trois de ses créatures.
L'huile sur toile, docteur Gros, 1908.

Guignol

Laurent Mourguet, le créateur de Guignol, est né à Lyon en 1769, dans une famille de canuts. Tout jeune, il apprend le métier de tisseur.

Vers 1797, il s'établit « *arracheur de dents* ». Dans la tradition de la profession, il installe, pour attirer le client, un petit théâtre de marionnettes où il produit les classiques de la *Commedia dell'arte*. Plus intéressé par le théâtre que par l'art dentaire, il monte en 1804 un petit castelet où il improvise une partie du spectacle à partir de l'actualité. Il ne quittera jamais cette habitude qui permettra à Guignol d'exercer son esprit frondeur et satirique.

Il s'adjoint alors un amuseur public déjà connu, Lambert Grégoire Ladré, dit le Père Thomas, expert en calembours et en railleries, avec qui la complicité est totale. Tous deux comprennent que pour assurer le succès il faut autre chose que les marionnettes italiennes. Mais l'entente avec le Père Thomas est de courte durée car ce dernier a la fâcheuse habitude de se « *piquer le nez* ». Pour le remplacer, Mourguet crée une marionnette pleine de faconde et de gaîté. Gnafron est né, du lyonnais *gnaffre*, le cordonnier. Truculence, chapeau haut-de-forme cabossé, tablier en cuir, nez boursouflé et rougeoyant campent le personnage.

Cependant, la clientèle n'est pas assez importante et Mourguet travaille à la crèche Brunet, théâtre où se jouent des pièces avec des marionnettes à tringle et à fils. Là, il se nourrit de la substance même du théâtre de marionnettes anciennes en tenant le rôle du Père Coquart, personnage populaire plein de simplicité et de bonne humeur qui lui inspirera l'idée de Guignol.

Page suivante. Au Guignol du Vieux-Lyon, des pièces avec plus d'ampleur et des décors en relief.

En 1808, il sculpte une marionnette qu'il affuble de son propre visage, une face ronde, deux yeux malicieux et un sympathique petit nez retroussé. Il l'habille comme le Père Coquart, à la manière des canuts de son époque, d'un habit marron à boutons dorés et d'un nœud papillon rouge. Il le coiffe d'un chapeau mou de cuir noir à oreillettes rabattues sur son « *sarsifis* » (natte de cheveux enrubannée).

Pourquoi l'appelle-t-il Guignol ? Près de deux siècles après sa création, le débat reste ouvert faute de document, et nous avons recensé plus de dix explications sur lesquelles nous ne prendrons pas position.

De initiatives privées pour la promotion de Guignol : le Petit Musée de Guignol, chez Design Cardelli, rue Saint-Jean.

Page suivante. Une pièce du répertoire classique : l'arracheur de dents. Au Guignol du parc de madame Moritz.

Un ancien castelet au musée de la Marionnette. J. Grateloup, 1896.

Page suivante. Le célèbre mur des marionnettes au Guignol du Vieux-Lyon, rue Carrand.

Mourguet crée ensuite d'autres personnages et connaît une certaine célébrité lorsqu'il s'installe au café-théâtre, donnant à Guignol sa forme définitive de satire et de parodie en s'inspirant des travers de ses contemporains. Mais, au-delà de la comédie, avec sa morale bon enfant et sa verve railleuse, Guignol dénonce les injustices et se fait le porte-parole des petites gens et des laissés-pour-compte. Avec son bâton qu'il nomme aussi « *tavelle, clarinette à faire danser les ours ou racine d'Amérique* », Guignol est un justicier. Comme l'écrit Louis Jacquemin : « *Ils bernaient les riches et les puissants, cognaient sur les gendarmes, raillaient pour s'en défendre le propriétaire, l'huissier et même le juge…* ».

C'est ce mélange d'espièglerie, de fanfaronnade et d'esprit frondeur qui, deux siècles plus tard, rend Guignol toujours aussi sympathique.

La gourmande quenelle aux écrevisses et sauce Nantua de Philippe Rabatel, restaurant la Voûte.

Le cervelas truffé de Colette Sibila.

La gastronomie

Curnonsky, en 1934, consacra Lyon capitale mondiale de la gastronomie : « *Lyon est la capitale mondiale de la gastronomie, car ici la cuisine atteint tout naturellement ce degré suprême de l'art : la simplicité.* »

Il est vrai qu'à Lyon la cuisine confine à l'art et le cuisinier tient plus du philosophe que du technicien, élevant le culte de la table au rang de religion.

De là sont nés des particularismes lyonnais comme les Mères, les bouchons et une immense cohorte de rites et de produits.

Les Mères lyonnaises sont un héritage du XIXᵉ siècle. À la suite de la Révolution, les cuisinières des grandes maisons bourgeoises, encouragées par leurs maîtres, créent des recettes et les consignent dans des cahiers d'écoliers. Par la suite, utilisant ce savoir-faire, certaines s'installent à leur compte.

Quelques plats typiques des bouchons chez Arlette Hugon.

Colette Sibila, papesse de la charcuterie aux halles de Lyon.

Quelques-unes, comme Eugénie Brazier, décrochèrent les trois étoiles du guide Michelin. Son élève, apprenti en 1946, est le grand Paul Bocuse. Toutes formèrent les générations actuelles de cuisiniers et leur œuvre a placé Lyon et la France en tête du palmarès mondial du bien manger.

Petits restaurants populaires, les bouchons sont les conservatoires des traditions culinaires lyonnaises. Nés à la fin du XIXᵉ siècle, les bouchons doivent pourtant rechercher leur étymologie dans la Rome antique. Leur cuisine, faite de spécialités, est la continuité de la cuisine des Mères et de la cuisine des canuts. La tradition veut que, à la mode lyonnaise, tous les saladiers arrivent ensemble sur la table nappée de carreaux rouges et blancs, le patron soit un tantinet bourru, mais que l'esprit lyonnais, saupoudré d'humour rabelaisien, souffle ici plus qu'ailleurs.

Le mâchon est typiquement lyonnais. Selon Félix Benoît : « *Le mâchon n'est pas un repas orthodoxe. C'est un en-cas qui se prend autour de quelques pots, vers neuf heures du matin, pour meubler la matinée, et vers cinq heures du soir, pour permettre d'attendre le dîner.* »

Il est composé de cochonnailles chaudes, comme les paquets de couennes, mais aussi de divers saucissons, de *grattons* (résidus de la fabrication du saindoux), et éventuellement de salades : de *clapotons* (pieds de moutons), de *groins d'ânes* ou de *dents de lion* (pissenlits) et de *béatilles* (abats de volailles).

Depuis les Gaulois, la grande spécialité est la charcuterie, dont le célèbre saucisson de Lyon.

Mais attention, l'appellation saucisson de Lyon correspond à un saucisson composé à 100 % de porc, dont la caractéristique provient du hachage du gras en petits dés.

Page suivante. Lyon porte du Midi, ce que traduit bien cette bouillabaisse de volaille de Bresse et petites quenelles lyonnaises, par Lionel Lorrain du restaurant Le Clos des Oliviers à la Croix-Rousse.

Jésus, rosette, etc., toute la gamme de saucissons des établissements Targe.

Les grattons, une spécialité bien lyonnaise.

Odorantes et goûteuses cochonnailles lyonnaises, au restaurant l'Amphitryon, rue Saint-Jean.

La rosette, le jésus et le cervelas sont trois des mousquetaires de la charcuterie lyonnaise.

Le dernier est un des saucissons à cuire au même titre que le sabodet fabriqué à base de tête de porc et de couennes.

En triperie, l'andouillette ne devient lyonnaise que composée exclusivement de fraise de veau et embossée dans un chaudin de veau. Gras-double et tablier de sapeur sont tous deux du bonnet du veau (partie de l'estomac), l'un émincé et frit avec des oignons, l'autre tranché et mariné.

Le secret de l'onctuosité et de la légèreté de la quenelle réside dans les proportions de sa composition : chair de brochet, matière grasse, panade ou semoule.

Fromage fort et cervelle de canut sont les deux mamelles fromagères de Lyon. Mélange de vieux fromages, bien « *pitrognés* » dans un saladier de terre avec du vin blanc et du bouillon de poireaux, le fromage fort mérite bien son nom. La cervelle de canut est composée de fromage blanc battu, assaisonné et aromatisé de fines herbes et d'échalote.

Au chapitre des sucreries, Lyon s'est distinguée en inventant les bugnes et les papillotes.

Le « *troisième fleuve de Lyon* », le beaujolais, selon Léon Daudet, fleuve intarissable et compagnon privilégié des agapes lyonnaises, est aujourd'hui une star internationale grâce à son primeur.

Ainsi, l'antique capitale des Gaules affiche sa supériorité en matière de gastronomie, et il n'est pas surprenant que le Lyonnais Paul Bocuse soit l'ambassadeur de la cuisine française dans le monde.

Page suivante. Les bugnes, inventées par les chanoinesses de Saint-Pierre.

Lyon hisse les couleurs

La peinture sur paroi est une constante de l'histoire. Lyon n'a pas échappé à ce phénomène.

À Fourvière, des traces de murs peints se distinguent toujours au milieu des ruines romaines.

De nombreuses églises de la ville sont décorées de fresques et peintures. De 1662 à 1675, Thomas Blanchet, « *peintre ordinaire de la ville de Lyon* », embellit la mairie d'allégories mythologiques.

C'est le XIXᵉ siècle qui, à Lyon, a été le plus productif. L'école lyonnaise de peinture de cette époque était particulièrement renommée, notamment dans le domaine religieux, et favorisée par des commandes dues à la prospérité de la soierie. Lyon est alors la ville du préraphaélisme grâce, entre autres, à Louis Janmot (églises Saint-Polycarpe et Saint-François-de-Salles) ou Hippolyte Flandrin (abside de Saint-Martin-d'Ainay). Pierre Puvis de Chavannes, maître du Symbolisme, décore l'escalier du palais Saint-Pierre. Au conseil général, Louis-Edouard Fournier honore les « *Gloires du Lyonnais et du Beaujolais* » d'une immense fresque.

En harmonie architecturale avec le quartier, le mur de la Cour des Loges signale l'hôtel du même nom. (Mur'Art).

Page suivante. Le mur des Canuts, la plus grandiose réalisation picturale de Lyon. (Cité de la Création).

Le XXe siècle lyonnais décore les églises Saint-Paul (Paul Borel), Saint-Jacques-le-Majeur (Louise Cottin) ou Saint-Pierre-de-Vaise (Claudius Barriot). Dans les édifices publics, l'ornementation est grandiose. À l'hôtel des Postes, une peinture murale de 54 mètres, réalisée par Louis Bouquet en 1937, évoque Lyon et son rayonnement. La façade de la Bourse du travail est parée, en 1934, d'une immense mosaïque de F. Fargeot.

Durant les vingt dernières années, Lyon s'est revêtue de plus de cent cinquante murs peints réalisés par des équipes de peintres souhaitant travailler à un art public populaire.

Sur le mur des laboratoires Lipha, au 115 avenue Lacassagne, les scientifiques lyonnais de la vie sont à l'honneur. (Cité de la Création).

Page suivante. Depuis le jardin des Chartreux, une vue surprenante du mur des Lyonnais. (Cité de la Création).

Musée Urbain Tony Garnier, quartier des Etats-Unis, parmi les vingt-quatre murs peints, la Cité Idéale du Russe Grégory Chestakov. (Cité de la Création).

Nouveau type de peinture murale, souvent réalisée en trompe-l'œil, elle est plébiscitée par le public et par des organismes comme l'Unesco qui, en 1991, a attribué au Musée Urbain Tony Garnier le label de la *Décennie Mondiale du Développement Culturel.*

Grâce à des équipes de peintres comme Cité de la Création, Mur'Art ou des peintres muralistes indépendants, Lyon est aujourd'hui la capitale française du mur peint avec plus de 150 murs dans l'ensemble du Grand Lyon.

Quelques-uns sont incontournables :

Le Mur des Canuts, plus grand trompe-l'œil d'Europe avec 1 200 m², est le mur mémoire de la Croix-Rousse (Cité de la Création).

Au pied de la Croix-Rousse, trente personnages célèbres de la capitale des Gaules font le mur sur la Fresque des Lyonnais (Cité de la Création).

À Vaise, le Boulevard de la B.D. de la rue Marietton est constitué à l'origine de six murs peints à partir d'œuvres de dessinateurs contemporains (Mur'Art) (deux sont aujourd'hui détruits).

Ensemble exceptionnel, le Musée Urbain Tony Garnier présente vingt-quatre fresques, d'une surface totale de 5 500 m², sur le thème de la Cité Idéale de Tony Garnier et de six artistes étrangers contemporains (Cité de la Création).

La Porte de la Soie s'inscrit dans le programme « *Les rues de la Soie, au fil de Lyon Croix-Rousse* », agréé par l'Unesco. Elle évoque 3 000 ans d'histoire de la soie (Cité de la Création).

Sous la forme d'un rideau de scène, l'hôtel La Cour des Loges repense sa signalétique (Mur'Art).

Long de 500 mètres, le mur d'enceinte du C.R.I.R met en scène 165 sportifs, le long du périphérique, dans un exceptionnel Marathon de l'Impossible (Vincent Ducaroy et Mireille Perrin).

Musée Urbain Tony Garnier, quartier des Etats-Unis, détail du mur de Cité Idéale du Mexicain Arturo Guerrero. (Cité de la Création).

Quai Saint-Vincent, le mur peint de la Bibliothèque. De Rabelais à Clavel, sur cinq siècles, 464 auteurs lyonnais font le mur. (Cité de la Création).

Grilles de l'entrée du parc, dite entrée Tête d'Or, réalisées en 1903 par le ferronnier Jean Bernard selon les dessins de l'architecte Charles Meysson.

Le lion du parc, toujours majestueux.

Plantes tropicales dans l'une des grandes serres.

Lyon passe au vert

Lyon est une ville verte et son caractère campagnard n'échappe à personne. Cinquante mille arbres, dont vingt mille d'alignement, peuplent rues et parcs et des maraîchers cultivent leurs légumes à un kilomètre de la montée des Soldats.

La volonté municipale reste la création de parcs mais aussi l'embellissement et le développement des espaces verts des places de la ville.

Dans le but de gérer son espace végétal et de le développer logiquement, la ville de Lyon a lancé un

Page suivante. Le parc compte quatre roseraies : la plus ancienne (1930) est consacrée aux roses de concours, la plus grande (1964) se situe près de la Cité Internationale, la troisième comporte les roses historiques (570 variétés sur 1 600 m²), la dernière est celle des rosiers sauvages.

plan de végétalisation qui permet une action globale reposant sur un principe d'unité et de cohérence, notamment en éliminant les anciens arbres, victimes de maladies ou de vieillesse, mais aussi en cherchant délibérément à embellir en mettant en œuvre de nouvelles palettes végétales d'arbres et de plantes ou en réutilisant des espèces oubliées. Nos vieux platanes cèdent donc la place aux tulipiers de Virginie, aux ginkgos bilobas, aux sophoras, aux tilleuls et autres noisetiers de Byzance.

Parcourons maintenant les parcs et places les plus notoires de Lyon.

Le parc de la Tête d'Or doit son nom à la légende d'un trésor enfoui comportant une tête de Christ en or. Créé en 1856 par les frères Bülher, architectes paysagistes, le parc s'étend sur 105 hectares et est planté de plus de 8 000 arbres. Domaine des sportifs et des promeneurs, véritable poumon lyonnais, il est célèbre pour sa roseraie paysagère de cinq hectares, plantée de 60 000 rosiers de 320 espèces différentes. Le jardin botanique recèle plus de 3500 espèces de plantes du monde entier sur sept hectares et 5 500 m² de serres. Le jardin zoologique abrite 250 mammifères, 400 oiseaux et 80 reptiles.

Les Terrasses de Perrache sont des jardins suspendus édifiés au-dessus du centre d'échange de Perrache en 1976. À leur pied, la place Carnot, où la statue de la République fait face à celle de la ville de Lyon, et où, curieusement, trône dans une plate-bande une borne casquée de la Voie Sacrée de la guerre de 14-18 qui rappelle la participation active de

Place Carnot, comme un monument du souvenir, une borne de la Voie Sacrée de la guerre de 14-18, Verdun – Bar-le-Duc.

L'étonnant jardin de Rosa Mir à la Croix-Rousse.

Page suivante. La vigne du parc de la Cerisaie, concurrente de la vigne de Montmartre, entretenue par les notables de la république des Canuts. Chaque cep est parrainé par une personnalité.

Les tonnelles de rosiers de Fourvière. Au sol sont gravés les mystères du Rosaire.

Lyon à la bataille de Verdun, notamment par les 25 000 camions CBA Berliet qui sillonnèrent la Voie Sacrée.

Le jardin du musée des Beaux-Arts est un havre de paix. Aménagé dans l'ancien cloître du couvent des Dames de Saint-Pierre, il renferme des moulages des frises du Parthénon ainsi que des mosaïques et des bronzes de Carpeau, Rodin, Bourdelle, etc.

Probablement conçu en 1855 par les frères Bülher, le jardin des Chartreux a une superficie de 10,6 ha. Véritable cascade de terrasses, il épouse la

Place Ampère, sur fond de végétation, trône le physicien éponyme.

Page suivante. Place de la République, rare place où les jeux d'eau ont remplacé la verdure.

pente reliant les quais de Saône au plateau de la Croix-Rousse et offre un somptueux panorama sur la Saône et la colline de Fourvière.

Situé au numéro 83 de la Grande-Rue de la Croix-Rousse, se trouve un petit jardin discret, œuvre d'un maçon espagnol, Jules Senis-Mir qui, ayant fui le franquisme, se consacra, à partir de 1957, à la construction de cette mini Alhambra lyonnaise, toute de pierres et de coquillages, dédiée à sa mère, Rosa Mir, et à la Vierge Marie.

Les « *jardins de poche* », réalisés dans des quartiers comme la Croix-Rousse, ou Vaise, où la place est comptée, sont le fruit d'une collaboration créative entre un artiste et un paysagiste.

Le jardin du Rosaire relie le Vieux-Lyon et la basilique ; sa partie sud, le jardin des roses, est un petit paradis où les tonnelles sont propices à la méditation et à l'émerveillement.

Quatrième parc en superficie avec 46,27 ha, le parc de la Cerisaie à la Croix-Rousse, est peu connu. Il présente pourtant une curiosité unique, une vigne, dont les plants sont baptisés du nom de personnalités lyonnaises.

Devant l'église de la Rédemption, la place Puvis-de-Chavanne est une véritable féerie au printemps lorsque ses arbres fruitiers décoratifs, entourant la statue de Jeanne d'Arc, explosent de tons roses et de blanc.

Terminons ce bref recensement par le parc de Gerland qui, bien que dernier-né, prend d'emblée le troisième rang avec 80 ha. Situé à côté du parc scientifique, il se devait de posséder un caractère didactique, voire scientifique, avec la Maison des Fleurs et ses 350 espèces végétales cultivées en plates-bandes champêtres. Mais le clou est assurément le skate parc où, sur 1500 m² indoor et 2 400 m² extérieur, les amateurs de glisse peuvent s'éclater toute l'année.

D'autres espaces verts sont en cours de réalisation dans tous les quartiers. Le plus remarquable sera probablement le parc du confluent, près du Cristal-Nuage, le futur musée des Confluences.

On le voit, le vert est pour longtemps de mise à Lyon !

Le confluent du Rhône et de la Saône, où s'élèvera en 2005 le musée des Confluences, Cristal-Nuage (sciences et société), un immense vaisseau spatial au milieu d'un parc de 50 ha.

Page suivante. La mégaphorbia de Gerland et ses plantations en ligne.

Bibliographie

Audin (Amable), *Lyon, miroir de Rome*, Librairie Arthème Fayard, Paris, 1989 ;

Bertin (Dominique) et Clémençon (Anne-Sophie), *Lyon et Villeurbanne*, Guide Arthaud, Paris, 1989 ;

Bouzard (Marie), *La Soierie Lyonnaise du XVIIIe au XXe siècle*, Ed. Lyonnaises d'Art et d'Histoire, Lyon, 1997 ;

Collectif d'auteurs, *Lyon, un site, une cité, Renaissance du Vieux-Lyon*, Lyon, 2000 ;

Corneloup (Gérard), *Les itinéraires du patrimoine mondial*, Office du Tourisme et des Congrès du Grand Lyon, Lyon, 1999 ;

Dejean (René), *Traboules de Lyon, histoire secrète d'une ville*, Editions Le Progrès, Lyon, 1988 ;

Gambier (Gérald), *Les succès de la cuisine Lyonnaise*, Editions La Taillanderie, Châtillon-sur-Chalaronne, 1999 ;

Gambier (Gérald), *Murs peints de Lyon*, Editions La Taillanderie, Châtillon-sur-Chalaronne, 1999 ;

Griffe (Sébastien), *Découvrir Lyon et son patrimoine mondial*, Editions La Taillanderie, Châtillon-sur-Chalaronne, 2000 ;

Jacquemin (Louis), *Histoire des églises de Lyon, Vaulx-en-Velin, Bron, Vénissieux, Saint-Fons*, Ed. Elie Bellier, Lyon, 1985 ;

Jacquemin (Louis), *Lyon, palais et édifices publics*, Editions La Taillanderie, Attignat, 1987 ;

Jacquemin (Louis), *Traboules et Miraboules*, Editions La Taillanderie, Châtillon-sur-Chalaronne, 1999 ;

Mérindol (Pierre), *Lyon, les passerelles du temps*, Editions La Taillanderie, Bourg-en-Bresse, 1988 ;

Neyret (Régis), *Guide historique de Lyon*, Ed du Tricorne, Genève, Ed Lyonnaises d'Art et d'Histoire, Lyon, 1998 ;

Nicolas (Marie-Antoinette), *Le Vieux-Lyon, Old Lyons, 5 circuits*, Edition Lyonnaise d'Art et d'Histoire, Lyon, 1995 ;

Pelletier (André) et Rossiaud (Jacques), *Histoire de Lyon, Antiquité et Moyen Âge*, Ed Horvath, Le Coteau, S.D. ;

Voisin (Dominique), Guillet (Ginette), *La Soie, itinéraires en Rhône-Alpes*, Région Rhône-Alpes, 1989 ;

Wuilleumier (Pierre), *Lyon métropole des Gaules*, Société d'Edition Les Belles Lettres, Paris, 1953.

Le Journal de la Renaissance du Vieux-Lyon ;
Revue Lyon Cité, revue municipale de Lyon ;
La soie, Rhône-Alpes, catalogue ;
Journal Le Progrès.

Achevé d'imprimer en mai 2004 - Dépôt légal 2004
Imprimé en UE sur les presses de **beta**